U0458347

女生怎样活？

[日] 上野千鶴子
Ueno Chizuko
著

匡匡 译

——上野老师，教教我！

上海三联书店

目录

★ **第二章 为何"家"也叫人充满困惑?**

★ **第三章　做个"现充"的人，太辛苦?**

★ **女孩，你想活出怎样的人生？**
——不要折断女孩的翅膀

不知大家可曾读过一本书，名叫《你想活出怎样的人生》？

作者吉野源三郎，是一位富有盛誉的儿童文学家及新闻记者。此书完稿于一九三七年，付梓后一举成为当时的畅销力作。如今，在此书问世八十年后——即二〇一七年——它再度焕发新生，由MAGAZINE HOUSE改编、发行了漫画版本，又一次占领了畅销书榜。我也忍不住找来拜读。作者经由此书，描写了超越身份、等级、立场的友情如何弥足珍贵，启发小读者用自己的头脑去独立思考，并赋予孩子们直面欺辱与霸凌的勇气，读来着实感人至深。可惜，掩卷之后，我心中仍余有一丝无法释然的遗憾。

那便是，吉野先生在书名中直呼的"你"，指的只有男孩子。

同样的心情，在阅读让·雅克·卢梭①的著名教育论《爱弥儿》时，也曾困扰过我。卢梭在该书中，描写了一位名叫"爱弥儿"的少年接受家庭教育的经历，并提出了"必须重视培养孩子的主动性""引导孩子遵从本心去做事、着重发展其长处及优势"等诸多中肯而令人受益的观点。然而，一字一句读到最后，结论却使我大为错愕。在上述观点之外，卢梭又补充道："林林总总走笔至此，以上这些教育方法，并不适用于女子。"用这位大教育家的话说："对女孩的培养，应当务必使她们成为未来夫君的贤内助。""荒谬透顶！"我不由愤愤地想。

"蠢得要死！"换作是你，肯定也会在内心暗骂一句吧？而这本《女生怎样活》，就是写给对此"表示不服"的你。

话说回来，类似《女生怎样活》这样专门写给女孩的启蒙书，并不像大家以为的那样随处可见。提到少年，不假思索地先想到男孩；提到青年，例必是

---

① 让·雅克·卢梭(Jean-Jacques Rousseau，1712—1778)：法国伟大的思想家、文学家、音乐家、启蒙运动的先驱。代表作《爱弥儿》，是一部论述资产阶级公民教育的专著，出版后轰动了整个西欧，影响巨大。

指年轻男子——在拥有这样一套"自动联想机制"的社会里,所谓的"你",自然也任何时候皆默认是"男性专属"了。女孩们压根不在这些大作家、思想家的视野里。男孩才是人生的主角,女孩须扮演好配角,起到辅助与陪衬的作用——对此,从卢梭所在的时代起,便一直强调至今。就算来到二十一世纪,也从不缺脑袋里塞满此类陈见的大人。然而,要知道,女孩同样也是人生的主角! 可惜,探讨女孩怎样当好主角、过好人生的书却寥寥无几。

"不要折断女孩的翅膀"——这句话,是从史上最年轻的诺贝尔和平奖得主,马拉拉·优素福扎伊的父亲口中借来的。出生在巴基斯坦的马拉拉从小就在心中祈愿:"我要去上学!"谁知却在十五岁那年遭遇了塔利班的枪击。那些认定"女孩不需要受教育"的成年男人企图杀害她而未遂。女孩仅仅是渴望读书,都要冒着送命的危险,如此恐怖的社会,确实存在于人间。大难不死的马拉拉,开始东奔西走,面向全世界女孩疾呼,告诉她们接受教育的必要性。"这么勇气过人的女儿,您是怎么养育出来的呢?"面对记者的提问,马拉拉的父亲答:"我所做的,只是不去掰断她想飞的翅膀。"是啊,女孩也好,男孩也罢,每一个小孩降生人间,都拥有学习、成长、成熟的愿望。换言之,拥有一对想飞的翅膀。而女孩的那对翅膀,却在成长过程中被剪断、踩躏、捆绑、拖拽、拆卸……所以,说到底,女孩的养育方法很简单:就是别去妨碍和剥夺她们与生俱来的、自己振翅高飞的能力。本书所讨论的,不止是"女孩怎样活",我想更是"女孩如何养、如何教"。

遗憾的是,在今天的日本,"女孩的养育方式"与"男孩的养育方式"两者仍差别悬殊。故而,《女生怎样活?》这本书才应当、也必须被书写。有幸把它交给曾对《你想活出怎样的人生》慧眼识珠的岩波书店来出版,我内心满怀喜悦。

第一章

学校里，女生为何总排在男生后面？

★ 1. 学生会长，为何从来只有男生？

Q1. 明明是男女同校，却向来只有男生才能担任学生会长。女生最多充当一下副会长、书记之类的角色。针对这一现象求问老师，也只得到"惯例如此"的回答。难道说，女生就没资格竞选学生会长吗？只应乖乖闭嘴，甘心于从事辅助性职务吗？

A1. 岂止学生会存在这种所谓的"惯例"。请放眼看看身边的老师。校长向来由男性担任，副校长或教导主任之类的职位才轮到女性。这种现象，不是司空见惯的吗？关于这点，只需看看图 1 就会清楚。回到家中，全家也以父亲为中心，母亲是不是一向扮演着辅助性角色？妻子在日语中又称为"女房"，而这个词在古代，便是指（宫中的）女官、（贵族的）侍女。想一想，你父母上班的公司或单位，是否也存在男社长、男经理搭配女秘书的组合？

学校不过是个"缩略版"的小型社会，并不会成

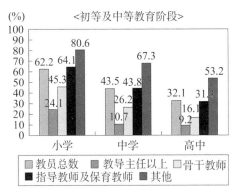

图1 各教育阶段，编制内正规教员中女性的占比
（参照日本内阁府男女共同参画事务局《男女共
同参画白皮书2019年度版》绘制）

为我们远离社会的"避难所"，或一片例外于世俗规则的"特区"。成年人爱管这套规则叫作"惯例"或"传统"，人人奉其为天经地义，从来不加质疑。然而，这种"传统"毫无理据。要记住，大人们拿出"传统"这个词来支应你，意味着他答不出你的问题，充其量只想搪塞了事，把你的质询拒之门外。你不如紧咬不放，继续追问到底："这是在哪里、由谁规定的传统？""什么时候确立为传统的？""它的根据是什么？"大人们一定会满头黑线，烦不胜烦（笑）。最后，他们也许会恼羞成怒，暴喝一声："吵死啦，有完没完！"借此终结话题。这等于是大人们的"败战宣言"。

　　我查到一组有趣的数据，是二〇一八年滋贺县大津市各校学生会长中男生的占比（参见表1）。在小学，儿童会会长中男女生通常是各占半数，但升至初高中以后，男生的比例却逐渐增高。这也许意味着，愈是高一级的学校，愈是会沾染成人世界的风气。到了高中，男子会长的数字略呈降低趋势，或许和女校的增多有关系。作为女子高中，全校自然清一色是女生，学生会长也不例外，同样由女生担任。由此可见，唯有在女子高中，才有机会培养女生的领导力。毕竟，能力这东西，是需要放在具体的职位或立场上去磨炼并养成的。你所在的地区情况如何呢？试着和这张图表作一下比较，估计会获得有趣的发现。

表1　2018年度各儿童会、学生会之中，干部、会长的男生占比

	小学	中学	高中
干部	45.0%	36.9%	34.6%
会长	50.0%	88.9%	60.0%

（参考报道 https://www.kyobun.co.jp/news/2019227_02〈滋贺县大津市男女比例调查：全市各中学学生会长，男生占据九成〉《教育新闻》2019年2月27日

　　没错，"女生没资格担任学生会长"的偏见，找不

到任何足以支撑它的理由。假如学生会确实秉持民主精神来运营（换言之，不是被老师支配、一味听从老师的意思），那么会长职位只需通过选举，从候选人名单中投票产生即可。事实上在各地各校，经由这种方式已然诞生了若干女学生会长。

打破漫长年月里持续统治人们头脑的荒谬"传统"，率先成为学生会长候选人的女生，或许需要点小小的勇气。但只要能得到身边老师、家长、同学的支持，并果真成功当选，人们就会立刻感受到："什么嘛，原来女生当学生会长，根本没什么不可以呀！"但凡有谁勇于成为"先例"，后来人挑战起来就会更容易。你要不要也来试试身手呢？

★ 2. 非得有"男孩气"不可吗？

Q2. 比起在户外玩耍，弟弟更喜欢看书、搭积木，于是总被幼儿园和学校的老师们批评"没有男孩气"。请问老师，什么才叫"男孩气"呢？

A2. 大概保育员和学校的老师都有一种强迫观念吧，认定男生必然喜欢户外游戏，女生更爱好读书、搭积木。由此可见，他们大约也会数落那些比起看小人书和玩洋娃娃，更乐意在院子里疯玩的女生"一点没有女孩模样"吧？

这样的固定观念又称作"刻板印象"，即针对"何为男人""何为女人"的一套社会成见与偏见。老师们之所以动不动套用刻板印象，原因在于，把女孩、男孩分别嵌进一个既定的标准模具，会更容易对其施行管控。而这些铸型模具，不止有"男孩气""女孩模样""男人味""女性气质"，还有"正常小孩""合格的高中生""地地道道的日本人"等五花八门的名目。要知道，人各不同，都有自己独特的喜好、习惯与个性，非要把所有人嵌进同一块模具里，这种脑回路，何其粗暴而单线条！难道说，大人们的脑袋瓜处理不了任何复杂一些的信息吗？

举目四下，世间男女形形色色，没有女人味的女人、缺乏男子气的男人、没有大人模样的大人、不端老师架子的老师……我们将这种差异称为"个性"。而个性，就是无法与他人置换的、不可被他人取代的品质。你的弟弟爱好读书搭积木，这是他个性的一部分。发展这种个性，正是教育所应肩负的责任。从搭积木的游戏中，他锻炼了空间感，将来说不定会从事雕刻、建筑、三维全息影像的开发建模等工作。假如扼杀他的个性也算"教育"的话，我们就该对这样的教育坚决 Say no。

★ 3. 难道说，颜色也要分男女?

Q3. 比起粉色、红色，妹妹更偏爱蓝色、黑色，所以日常的衣服和书包都会选择深色系。再加上她又剪了个超短发，周围的人议论纷纷，骂她"像个假小子"。请问，妹妹真的是"怪胎"吗?

A3. 粉色与红色，是女孩的专属色;蓝色与黑色，是男孩的专属色;女生就该留长发，男生理应剪短发——这些陈规俗见，究竟是何时、在何处、经由什么方式给大众洗脑，并烙印在人们意识深处的呢?真想问问刚出生的小婴儿。女婴会自然而然地把手伸向粉色或红色的物品，男婴会见了蓝色、黑色就本能地笑逐颜开吗? 研究表明，婴儿往往对红、黄等明快的颜色显示出浓厚兴趣。我们能说，选择红色物品的男宝宝就是"女孩气"吗? 而且，在婴儿出生前，亲戚朋友会纷纷打听，"听说是个千金啊?"便寄来缀满花边的小衣服;"原来是个胖小子啊!"就送上蓝色的襁褓作礼物……或许，正是周围的这种反应，塑造了"女孩色"与"男孩色"的规则。我在 Q2 中也曾提到，这样的固定观念叫作"刻板印象"。

　　升入小学后，便到了决定书包颜色的时候。可惜，箱型皮质双肩包价格高昂，通常由爷爷、奶奶赠送，作为"升学礼物"。于是，受老一代人既定观念的影响，女孩子大概率会收到粉色款，男孩子也例必会收到黑色款吧。近年来，书包的颜色变得越来越五彩纷呈。表示"我想要绿书包"的女生，或坦言"我喜欢粉书包"的男生，会被认为是"怪小孩"吗？坚持按照自己的意愿挑选书包的小朋友，无论如何努力争取，仍会被大人阻挠说"算了吧"，最终女孩不得不收下粉书包，男孩也无奈地接受了黑书包。说到底，只是因为大人们担心"只有你一个人跟大家颜色不一样，会挨欺负哦"。不过呢，我还要再啰嗦一遍：孩童的世界，是成人社会的缩小版。创造出"女孩色""男孩色"这种刻板陈规的不是孩子，而是大人。孩子们模仿成年人的言行举止，潜移默化之下，会将刻板印象根植于头脑中。至于不愿遵从这套规则的小孩，会被骂作"怪胎"，遭到排挤和孤立。

　　假如每个小孩书包的颜色都不一样呢？身上的衣服鞋袜也款式各异呢？假如小朋友各有各的肤色与瞳色呢？人人都"怪"的话，意味着人人都"普普通通"。所以，在我看来，索性把学生制服也一并取消才好。为什么女生就该穿裙子，男生就得穿裤子？仔细想来，实在岂有此理。裙装的下摆空空荡荡，到了冬天冻得要命，也不适于行走跑跳。近来，据说女生制服也推出了裤装的选项，但貌似不是每所学校都有这项改革。还不如干脆地把制服淘汰掉呢！穿制服没办法频繁清洗，卫生也成问题。还是T恤衫、牛仔裤更加便利，不管男孩女孩都可以穿着它们自由自在地活动、奔跑，脏了就丢进洗衣机"哗啦啦"转几圈，怎么洗都不心疼。五颜六色的T恤衫通常印有各种Logo和图案，能够将个性展露无遗，教室里也会平添几分时尚感，显得一派亮丽。目前，已有些学校取消了制服。不愿在"是男是女"这种非此即彼的选择题上费脑筋的小朋友也纷纷登场。非要在裤子还是裙子里来个二选一，未免太不自由了。

想想看，"所有人必须面目划一"的学校，和"千人千面才更有趣"的学校，哪一方更能发展儿童的创造力？答案明摆着，当然是后者。有一说一，我真的担心，就凭当今日本教育的思维僵化，早晚会跟不上全球千变万化的形势，被其他诸国远远抛在队尾。从书包的颜色聊到教育的未来，话题跳跃性很大，但凡事皆是以小见大的，一件事里往往隐含着一万件事的规律。正是各种微小事物一样一样不断累积，才构成了我们眼下置身的社会。

★ 4. 理科专业，是男生主宰的天下？

> **Q4.** 我的理想是将来成为一名理科专业的研究者。学校负责指导升学志愿的老师却告诉我："这条路对女生来说太不现实！"还说："搞学术也需要充沛的体力，看看日本的诺贝尔奖得主清一色是男性，不就知道了！"难道说从事理科研究，对女生而言当真不可企及吗？

A4. 指导升学志愿的老师，对当今的社会动态会不会太过闭目塞听、缺乏了解了？大概成天窝在学校里，两耳不闻窗外事，才形成了这副认知吧？女孩的大脑构造不适合学习理科？压根没这回事。做学术虽说需要体力，但从事其他工作、家庭育儿等，体力也同样不可或缺。搞学术研究大约不会比搬家公司的从业者对体力的要求更高吧？这样强度的研究工作，女孩也完全能够胜任。说什么"女孩不擅长数学""男生从小数学就灵光"，正是这种无稽的刻板论调，压制了女孩学业能力的发挥。相信我，"男女的大脑构造天生不同"之类的论调，纯属毫无根据的

"伪科学"。

目前,日本政府正致力于培养"理科女"(在理科方面有专长的女生),并为此采取了各种相应的措施。不如说,填报志愿时选择理科,反而更容易获得"推荐入学"的资格,也更易于争取到奖学金。这分明是对你学业前途更为有利的选择[①]。"女生不适合学理"的刻板论调之所以大行其道,还有一个原因是:与国外相比,日本在过往年间理科女的数量确实太少。指导老师告诉你"日本的诺贝尔奖得主清一色是男性",从事实层面来讲并不算错。但是,放眼瞧瞧海外吧。诺贝尔奖获得者中,根本不乏女科学家。例如居里夫人,一生中甚至两度获奖(诺贝尔物理学奖与化学奖)。那么,为何日本的诺贝尔奖得主全是男性呢? 请告诉你的指导老师:"都怪老师您这样的人,才断送了女孩子在理科领域里继续探索的愿望与热情啊!"(笑)

类似升学指导老师抱有的这种想法,在性别教育学的概念中称作"性别的社会定轨"。就好比田径运动的赛跑项目,跑道是由一条条白线区隔出来的

---

① (作者注)参考日本内阁府男女共同参画事务局颁布的报告,"挑战理工科——女子初高中生,及广大女生面向理工科领域的求学选择"。相关网页:www.gender.go.jp

固定区域对吧？眼下的教育方式，正是预先划好女生赛道与男生赛道，并诱导选手们千万不可跑过线。而这种"定轨教育"，只会扼杀女孩与男孩的个性。

的确，在过去的日本，研究领域里男性占据了压倒性的有利地位。这并非因为男性的大脑尤其适合于理科研究，而是男性更容易获得研究职位，不必为家事、育儿操心，可以埋头于研究本身，藉此保障了宽松的治学环境，同时也被赋予了更多发表学术成果的机会。然而，社会时刻处在动态变化当中。全世界开始意识到一件事：真正富有革新精神、乐于从事开创性研究的人是不分男女的。岂止如此，管理者更体会到：为了搞好技术革新，在科技开发的前沿应当力争人才多样化，保证队伍里同时包含男女两性的研究员。

为什么呢？原因在于，女性可以提供不同于男性的创意、构想以及学术视角。在日本，广大男性以及在校老师的头脑大概并没有紧紧跟随时代的脚步。你的人生此刻才刚刚开启，远比老师今后的人生长久。千万不要因老师的一句话而否定了自己未来无限的可能性。

★ 5. 班级花名册上，排在前面的为何总是 男生？

Q5. 我就读的是一所男女校。班级花名册上，排在前面的为什么总是男生呢？

A5. 属实不可思议呢。花名册上如果男生在前，那么任何需要点名的场合，总会男生优先，女生垫底。比如，按照花名册的顺序颁发毕业证的时候，也是男生先上台，等全体男生都领到毕业证以后，才能轮到女生。是从何时开始，形成了这种习惯呢？

日本的小学诞生于明治时代。假如是从当时开始的，根据"男女七岁不同席"的古训，大概是男女生分桌而坐的规定，遗留到今天的一种"残余风气"。二战前，学生一旦升入初中，就必须男女分校。战后，国家发起了学制改革，不仅针对初等教育，包括中等教育在内，一律实施了"男女合校制"。在美国占领军的命令下，旧制的初中与高中开始推进男女校的合并。大概当时的花名册便是将男生登记在前，而女生列后吧。至于高等教育，尤其是四年制大学情况又如何呢？战前的一九一三年，东北帝国大学（现东北大学）才首次允许女生就读。而五年后，北海道帝国大学（现北海道大学）也随之对女生开放了门户。但遗憾的是，除个别几所大学外，高等教育依旧将女子拒之门外。直至战后，新制大学几乎皆采取了男女同校体系，花名册也才彻底开启了"男女混合模式"。而这种做法，实际并未给大学方面增添任何不便。虽说大学里的体育课，各校会依据自身条件以及开展运动的类型，对男女实行分别授课，但并不存在"花名册不把男女区分开，就格外麻烦"的情况。在大学里普普通通的做法，为何搬到中小学就成了"名不正言不顺"，着实教人费解。换句话说，花名册把男女生分开排列，没有任何切实合理的依据。

明明无凭无据却存续多年的做法，叫作"习惯"或"传统"。而这种排名习惯，反映出事无大小皆以男性为先的固定观念（也称"社会潜规则"）。不管任何场合，率先起身，走在前面的是男性；菜端上桌，先动筷子的是男性；会长、主席、董事长是男性，团队领袖是男性……而这种世俗成见，大概也反映在了学校的花名册上。只要还存在这样男女有别的花名册，就是在助长"男性优先"的潜规则，使其变得愈发

"天经地义"。

感觉这套规矩"不对劲"的，绝非只有你一人。从一九九〇年代起，学校的一些女老师发起了名叫"这种做法好奇怪"的运动，呼吁改用男女混合排序的名册。老师们的运动遭到了重重阻挠，有人说"不分男女不方便"，有人说"这可是过去沿袭下来的传统"，可这些反对理由完全不具说服力。结果是，各地启用混合名册的学校日益增多。教育领域的行政措施方面，中小学校由市町村主管，高等学校统归都道府县①负责。因此，某些改革阻力较大的地区，混合名册还未能大幅度普及。若干区域曾暂时推行过混合名册的启用，但在反对派的高压下，又改回了旧式的名册。你就读的这所学校位于哪个地区？是在发展缓慢，对传统"爱不释手"的大叔大妈们最为集中的区域吗？

男女混合名册如今被称为"无性别名册"。毕竟，学生中假如有 LGBTQ（参照第 3 章 A30）的孩子，不知该将其列入传统名册的"男生组"还是"女生组"，会让老师很发愁，孩子本人估计也痛苦。这些

---

① 日本的行政区划是"都道府县"，共有一都（东京都）、一道（北海道）、二府（京都府和大阪府）和四十三县。

只会给人添麻烦的"习惯"和"传统",依我看,还是早点抛弃才好。不过,为了实现这一目标,必须有谁先出来喊一嗓子:"这也太奇怪了吧!"周围的人也须齐声支援:"对啊!说得没错!"还必须去说服那些认为"如今这样也挺好"的人,竭力排除一切绊脚石……如此,光是改变一下花名册,就已费尽千辛万苦,唉……

推进启用男女混合名册的女老师曾说过这样一番话:虽只是一点点微乎其微的变化,但在争取的过程中,女性教师若能积极大胆地不断谏言,职场的"通风状况"定将大为改善。比起结果,过程才是我们最大的成果。

你的问题十分简单,我却答得很长。我只希望你明白:哪怕是不起眼的小小变化,也是因为那些有意愿去推动改变的人才发生的。并且稍不留神,得到微小改良的现状便会马上逆转,故态复萌。最重要的是认清一件事:只要存心改变,就能实现改变。职场上,总是由女性来端茶倒水的潜规则也是在这种努力下,方才消失的。

今后也请千万珍惜你这种"似乎哪里不对劲"的感觉。

★ 6. 做不到"全天候卖命"，就不合格？

> Q6. 我的班主任家里孩子年纪小，每天下午五点一放学，她就匆匆往家赶。小孩一发烧，她马上请假不上班。我本想找她请教一下升学方面的问题，却苦于逮不到机会……我认为，让肩负育儿重担的老师来当班主任，是不负责的表现。把这事拿去跟朋友聊，却被指责说"你好冷酷啊!"。可在我看来，既然没办法对工作好好负责，就不该占据需要负责的职位。这不是理所当然的吗？

A6. 小学老师中，有 62.2% 为女性；中学老师中，女性占比为 43.5%（参见图 1）。我曾听说，当得知孩子的班主任是男性时，某些小学生的家长会像中了奖似的，喜不自胜地叫出声来："太棒了!"女老师之所以不被看好、不被选拔并委以重任，或许因为她们也像你的班主任一样，老是动不动请假吧？

可是，总会有一些男老师，家里也有需要照顾的幼儿，对吧？为什么男老师不爱请假呢？这个问题，你有没有思考过？那是因为，男老师的太太"单机运行"，以一己之力，承担了全部育儿工作，用时下流行的说法，就是"丧偶式育儿"，使男老师得以从家庭责任中逃脱出来。同理，女老师想必也有和她一同抚养孩子的伴侣。正是由于做丈夫的一向在育儿上袖手不作为，妻子才不得已请假的吧？同校的男女老师，彼此交往并组建家庭的例子似乎蛮多的。这种情况下，家务育儿的负担，似乎也总是落在女老师一个人头上。

你是不是也有"照顾小孩是女人的本分"这种观念？产假满打满算只有三个月，再加上育儿假和进行母乳喂养的时间，最多一年便结束了。之后，接送孩子上下幼儿园，爸爸也完全可以胜任。给幼儿洗澡、换尿片，爸爸来干也没有任何问题。什么？这些事，爸爸从来没有为你做过？那未免太可惜了吧。毕竟，做家长的唯有与孩子亲密互动，才能成长为合格的父母。相关调查显示，从孩子幼年期便积极参与育儿的父亲，与孩子的关系在其成年后依然能够保持和谐、亲密。什么？平时跟爸爸根本不怎么讲话？也没什么想要对他讲的？真是好悲哀啊。父女之间的关系，居然沦落到这么疏远……不过话说回来，这也是做爸爸的自作自受。

你是不是觉得，无论男女，凡是家里有小孩的老师，最好都不要当班主任呢？在你看来，明明承担不了责任还占据需要负责的职位,是一种不负责的表现。你认为,把班主任全部交给单身未婚的老师或育儿期已结束的中年大叔、阿姨来当会更好,是吗?把那些身处育儿期的老师从责任重大的岗位排除或调离,是对她们的一种体贴,对吗?那么,这份"体贴"要保持到小孩儿几岁为止才合适呢?

成为一个班级的主管老师是一份责任重大、深具意义的工作。假如你本人是某所学校的老师,刚生完小孩,校领导发话说"鉴于目前你正处在育儿期,干脆撤掉你班主任的职务",你会是怎样一种心情呢?

朋友说"你好冷酷啊",这种反应其实是指,你缺乏设身处地的思考。她的意思是:"你干吗不换成自己想想呢?未免太冷漠了吧!"凡事总能把自己代入进去,站在对方的角度想一想,这种素质叫作"想象力"。大概你的朋友想象到,将来有一天她也会成为母亲,所以才发出了那样的嗟叹吧。

对待身处育儿期的人,尤其是母亲,避免委以重要工作——这份所谓的"体贴",不止在学校里,甚至在社会的各个领域都频繁发生。这本质上,只是打着"体贴"旗号的歧视罢了。将来有一天,等你也参加了工作、生了小孩,大概会有相同的体会吧。俗话说,"因果有循环,天道好轮回"。今日自己站在歧视他人的立场上,将来只怕也会沦为他人歧视的对象……

育儿与责任重大的工作就这么水火不容、不可兼得吗? 能否多花些心思,改良一下承担责任的方式呢? 想找老师咨询升学问题的话,哪怕不是放学后面对面商谈,改用网络聊天的方式,说不定更容易吐露心声呢? 五点下班是劳动法规定的正当权利,之后继续留在职场,则等同"加班"。所以,不管男老师也好,女老师也罢,还是让老师们尽量不要加班,按时回家吧。什么? 男老师从来没有谁一下班就回家的? 在单位泡的时间越久,说明工作越上心,真有这回事吗? 用高效的方式,在上班时间内把工作处理完、处理好,不是更合理吗? 况且,男老师到了五点也能不紧不慢地留在单位里,不是因为太太早已赶在他前面回了家,承担了家务劳动的缘故吗? 在你看来,通常不重视、不关爱自己家人的老师,会去关爱别人家的小孩吗? 正因为对自己的孩子能付出满腔爱意,才会推己及人,理解其他家长的爱子之心不是吗? 所以,你不觉得,老师当了妈妈,对班上的学生来说是件有益处的事吗?

你的想法乍听之下似乎挺有道理,但只是基于眼前的状况,从一个短期的时间跨度内来衡量事物而得出的判断。假如把目光放长远,会发现许多短期看来合理的事,在长期则是失当的。要学会在一个更广阔的视野范围内去考虑问题哦。

第二章

为何「家」也叫人充满困惑？

★ 1. 都是工作时间过长惹的祸？

> **Q7.** 在我家,爸爸更擅长烹饪,家务能力也和妈妈不相上下。话虽如此,由于他每天加班多得要命,长期以来,家事全靠妈妈一个人苦撑,他一点忙也帮不上。为此,他们三天两头吵架。这到底该算谁的错呢?

A7. 你爸爸不做家事的理由属于下列选项中的哪一个呢? ①不会干;②不干(不愿意干);③没时间干。属于选项①的人,只需学习或接受一下训练,就可以掌握技能。就算你能干的妈妈,也不是天生就懂得炒菜做饭、收拾家务。万幸,你爸爸并非"不懂怎么干家务"的男人。要么父母是双职工,使他从小就习惯了自己动手;要么他曾经长期独居,有过一些家事方面的经验吧?

我原本还想,你妈妈能找到一个"擅长烹饪"的丈夫该是多么幸运。谁知,实际上他成天当甩手掌柜,既不出人也不出力,"一点忙都帮不上"。果真因为加班太凶残,以致落入选项③,没时间干家务吗?我有点怀疑。日本大多数男性把自己不沾手家事育儿的理由,归结为"想干也没空"。

没空,是因为工作时间太长。工作时间太长,是因为加班太多。加班太多,是因为拒绝不了。果真如此吗?

加班是可以拒绝的。劳动者的工资所得,是按照国家颁布的法定工作时间(每周四十小时,即每日八小时乘以五天)来计算并支付的。对加班之类的额外劳动,公司必须按照时长支付相应的补贴,即"加班费"。你妈妈想必也有全日制工作。大概公司加班比较少,或是她拒绝了加班,主动把家事、育儿独自承揽了下来吧?而你爸爸却不这么做,实在有点没道理。

不过话说回来,加班是雇主出于必要而下达的命令,拒绝的话对职场发展会构成不利。一笔笔积累的加班费不是小数目,如果统统失去,薪水的涨幅肯定不够弥补,相反奖金说不定还被削减,升职估计也会无望。所谓的"加班拒绝不了",原因是在这里。换个简单的说法:比起家庭需要,你爸爸更优先选择了工作。绝大部分做妻子的,几乎都期待丈夫能这么做。巴望老公多挣点,巴望老公升职加薪、出人头地,如果可能的话,巴望老公少待在家里——抱有这种想法的主妇据说不在少数(笑)。这种类型的妻子,不会对丈夫发什么牢骚,但你妈妈显然不在此列。她希望你爸爸比起工作,能以家庭为优先;哪怕不要求"优先",起码能少加点班,帮忙减轻一下自己的负担;希望他多多重视家庭,换言之,重视做妻子的她。这才是你妈妈的要求。也正因如此,他们才会"三天两头吵架"吧?夫妻间的争吵是你妈妈口头表达自身诉求的证据,也是夫妻关系"通风良好"的证据。倘若她一言不发,把不满悉数吞进肚里,或许就不会发生什么争吵了吧。

你已经十几岁了。过不了多久,就要离家求学、工作。届时,你的父母也将恢复二人生活。这在社会学概念中,称为雏鸟离巢后的"空巢状态"。而空巢中的夫妇和谐相处的条件是什么呢?不正是漫长岁月里积攒下来的,彼此珍惜、彼此关爱的那份体验吗?研究表明,若是夫妻中的某一方内心积累了大量不平与不满,回头到了空巢期,日子可就难过了。请务必要忠告你爸爸。

顺便提一句,经济如果不景气,加班也会自动削减。有一项调查,关于某些取消了加班的行业,或拿到育儿假,总算"有空了"的男人是如何使用富余出来的时间的。结果显示,比起家务和育儿,那些终于有了空闲的男人会更多地把时间花在自己的兴趣爱好上。数据清楚地告诉我们,男人们之所以不沾手家事和育儿,原因不是选项③时间不够,而是选项②不愿意干。理由不外乎一点:哪怕自己袖手不干,也有妻子凡事包办。在这之前,他们脑袋里更有一种成见:家务、育儿不属于男人的分内事。可即便抱有这种陈见,身为一名父亲,不管情不情愿,总难免要分担一些家务育儿的职责吧?就算一开始干不顺手,在亲力亲为的过程中,也会渐渐掌握一些技能吧?

在这种时候,做妻子的或许该拿出强硬态度,好好行使自己的权利,出门旅行散散心,或趁机生个病。有这么一则笑话:面对感冒发烧而卧床不起的太太,男人出门前如此交代:"晚饭我在外边吃,你不必操心。"气得太太大吼:"谁来管管病床上的我,饭要怎么吃啊?!"在日本,这种冤家男女却往往会组成夫妻,是不是挺荒谬的?

最后,我再多啰嗦一句。若问日本社会为何加班如此之多,原因在于,企业极力控制、缩减人员配置,力求仅靠正式员工加班来完成全部的工作量。

雇用足够的员工，保证大家都能准时下班，显然不如给少量员工支付加班费来得成本要低。育儿假难申请，理由也在于此。若是哪一天，大家不加班也能把工作量消化掉，你爸爸没准就不会因为拒绝加班，给职场发展造成不利影响了呢。

★ 2. 仅有课堂教育是不够的！

Q8. 我属于家政学科男女共修的那一代人，深知打破男女的性别藩篱，去作形形色色的尝试，这一点深具意义。最近，家政学科内部也兴起了一股潮流，大家都认同多样性理念，有心共同打造一个文化更开明丰盛的社会，这令我兴趣十足。可惜，近来我渐渐发觉，单纯以授课的方式推进理念是有局限性的。比如烹饪实习课上，有的男生依然会抱怨："做饭是女人的工作，我干吗要学这个……"上野老师，请问怎样才能把授课与社会实践紧密联动起来呢？

A8. 你知道吗？在初中推行"家政科目男女共修制"，最早是从一九九三年开始的，高中则是在一九九四年。在此之前，这门学科名叫"技术与家庭"。

也就是说,男生学习技术,女生则接受家政事务方面的培训。其中有一段时间,男生甚至上的是体育课。技术教学通常指木工、机械维修等,家政事务则包括厨艺、裁剪、缝纫等。这样的教学方针,又称为"性别素质教育"。

然而,支撑家庭的责任并不单单由女性来肩负。就算是女生,能够拿起锤子、榔头干点木工活应该也不错,而男生懂得一些厨艺和裁缝手工必定也有益无害。据说二战前,军队里的士兵都是自己动手缀扣子、补袜子。因为军队里没有女兵,凡事只能自力更生。

全日本推行"家政科目男女共修制"以后,家政教育的内容就不仅仅停留于烹饪、裁缝等生活技能的培训了。它甚至已发展成为一门男女两性携手探讨"家庭应当呈现何种面貌,如何去经营?""家庭与社会之间,应当是怎样一种关系?",重要且深奥的学科。所以,看看那些家政学的教育者,他们可不是凭着厨艺高明或擅长缝纫才当上家政学老师的。如今这个领域里也出现了不少男教师,他们个个独特又有趣。原因在于,家政学研究和辅助的对象——家庭——本身的面貌正在发生巨大的改变。不管课程的实验性有多强,都具备宽松的施展空间,不仅大有可为,且深具挑战性。

家庭,是由男女双方共同经营的人生项目。既然如此,一些家政学教员认为:比起以往的"性别素质教育",对待女生,反倒需要着重培养其不擅长的机械能力;对待男生,针对他们素来不拿手的家务技能,给予相应的培训指导才更为重要。并且,男女双方都有必要接受同等内容的教育。提出如此倡议的是一群女老师。她们在一九八○年代发起社会运动,推动文部省(现今的文部科学省)采取了一系列相关措施。她们没有抱着"反正升学时又不考"的心态,躲在角落里不作为。当然,那帮因循守旧的大叔也进行了反对与阻挠。正是她们扛住了重重压力,如今家政学的"男女共修制度"才得以实现。这群女老师当真是胆魄与勇气兼具的硬骨头。如今的家政学教师正是受了前辈的鼓舞与影响,才个个魄力十足。

至于在家政课上发牢骚,表示"这明明是女生才干的活……"的这类男生有个称谓,叫作"昭和型男子"。在他们的家庭里,肯定认为"家事和育儿是女人的本分"吧。换句话说,一切家务劳动皆是由他们的母亲独力完成的。这是一个未来将逐步灭绝的人种。对此类男生,你不妨这样回敬:

"这点家务活都干不了,以后你也娶不到老婆。如今的女孩,和你父母那一辈人早就不可同日而语了。"

★ 3. 梦想是做全职太太!

Q9. 从我小时候起,有离婚经历的母亲就三天两头敲打我:"女人经济不独立可不行!"实话说,我早就听腻了。我的梦想是嫁给职业足球甲级联赛的选手或 IT 界富豪,做一个名流阶层的全职太太,不行吗?

A9. 哇哦,好一个灰姑娘的梦想! 一辆女孩子才有资格乘坐的"南瓜马车"。听起来真不错(笑)。那么,不妨扳起指头数一数,你是否具备登上这辆豪华马车的条件呢?

你口中那些"职业足球甲级联赛的选手或 IT 界富豪",往往都是自信爆棚的人物。大概也正因如此,才显得魅力十足吧。通常这一类男性,都要求妻子甘当家庭中的配角,为自己提供服务与辅助,即所谓"贤内助"或"侍女"的角色。所以,嫁给这样的男人,你必须提前做好心理准备:一辈子放弃成为主角,充当丈夫的陪衬,围着他一个人转。就像体育社团里帮男队员打理杂务的"女经理"。

更何况,觊觎职甲选手或 IT 界富豪的女人,可不止你一个。届时,会有无数竞争者涌上前来,你必须在这场角逐中打败对手,笑到最后。职甲选手或 IT 界富豪个个都是大忙人,哪有工夫谈情说爱,恐怕会用省时高效的方式——在见面第一眼,便通过颜值来给女人打分。再者,和荣誉、财富一样,娶妻同样具有向世人炫示地位与实力的功效,一见之下更易估值的外表(他人艳羡的美貌与身材)大约才是不二之选。职甲选手或 IT 界富豪的太太们大多是前空姐、模特或女主播,理由也在于此。

这种类型的妻子,英语称为"Trophy Wife"(花瓶妻)——作为男人世俗成功的证明,类似于"奖杯"或"战利品"的角色。其中典型的一例,当属前任美国总统唐纳德·特朗普的第三任妻子梅拉尼娅。由于婚前从事模特职业,容貌迷人、身材性感、穿搭品味不俗,是个不折不扣的美女,但她在各种场合绝少开口讲话,存在感几乎为零。

职甲选手或 IT 界富豪鲜少有精力顾及家庭,会要求妻子一丝不苟、任劳任怨,百分百承担起家事和育儿的职责。这项任务对一名年轻母亲来说是很难独力胜任的,若能得到娘家的帮衬则会有利得多。同样是娶个年轻姑娘,当然要属娘家财力更雄厚、外祖父母更有实力的一方更能够提供充分的资助与安心感。此外,在事业上有能力持续发展的男性,大多出身优渥,生长在对孩子的教育不惜重下血本的家庭。如此一来,自然要求未来的妻子也出身于同等条件的殷实之家。

不妨将以上内容做个小结:

成为职甲选手或 IT 界富豪的妻子,需要具备什么条件? 首先,出身、成长于富足的家庭;其次,拥有与生俱来的美貌与迷人身材,并永不懈怠地磨练和提升自我;从事空姐、模特等"吸睛"的职业,一路过关斩将,从对手众多的竞争中最终胜出;将家务和育儿打理得井井有条、无懈可击,从不发一句怨言;勤于老公的健康管理,从不疏懒、怠慢;视情况和场合需要,发挥外语能力与社交手腕;做好了一辈子甘当配角的心理准备……以上条件,你自认都具备吗?

感觉吃力的话,不如趁早打消这个念头(笑)。

此外,结婚并不是一条"上升通道"。灰姑娘的童话,结局是"王子与公主从此幸福地生活在一起",但实际上,他们之后的人生道路还漫长得很。纵使结了婚,也有"糟糕,搞砸了!"的时候。实际上,你的母亲也有过一次失败的经历,并最终"反悔"。但是要知道,世上还有许许多多哪怕婚姻失败也无法反悔,只能继续忍受痛苦的妻子。那便是生活在 DV(Domestic Violence,家庭暴力)之下的女性。职甲选手貌似个个臂力过人,若是惨被这类男性家暴,哇,好可怕!

所以说,母亲对你的劝告言之在理。毕竟,她走过的人生路比你要长,从失败中学到了各种切身的教训,哪怕你早已听得耳朵起茧,母亲讲的话也始终有真理的成分。我猜,以你目前的年纪,平时大概总有点想跟母亲对着干吧?你的心情我理解。不过,选择一个与自身真正契合的对象,构筑一个身心皆安宁、舒畅的家庭,岂非更加美好?放弃一方永远做主角、另一方始终当配角的思路,拥有双方平起平坐、互帮互助、共进共退的人生,岂非更加精彩?

人生在世,总会面临各种选择,选择难免会有失败的可能。当遭遇失败时,修复错误、洗牌重来也是件至关重要的事。为了人生再度启程,所需具备的最基础条件,正是母亲口中强调的"经济独立"。母亲以身作则,为你进行了最好的示范。

★ 4. 决不愿变成我妈那样！

> Q10. 我妈是个无懈可击的全职主妇。她打扮精致时髦，甚至登上《VERY》《STORY》之类的时尚杂志也毫无逊色之处；家事堪称十项全能；和老爸的感情也算和和美美。可在我心里，对这种"一心扑在家庭里，为之奉献了全部自我"的人生，却存在反感之意。这算是对妈妈的一种背叛吗？

A10. 哎呀，和前面那个问题恰好是一百八十度逆转呢。

看来，你妈妈是那种去给《VERY》杂志当读者模特，也完全可以胜任的时髦女性嘛，身上一点米糠酱的酸馊之气①都没有。说来，你这个年纪八成已听不懂这个梗了吧？如今这年月，谁家要是留有腌菜的陈年米糠，估计还挺稀罕呢。妈妈手头宽绰，有花钱打扮的财力，足可见爸爸的收入一定不错。如此风光的人生，是社会上人皆称羡的"赢家范本"，俗称"成功模板"。然而，对你来说，妈妈却是使你发誓

---

① 日本俗语，用来形容旧式妇女一心为家务操劳的憔悴模样。

"决不愿这样活"的反面教材。

理由何在呢？

妈妈过得幸福吗？是否暗自期待，女儿也拥有与自己相同的人生？尽管未说出口，母亲内心的想法通常女儿也能隐隐察觉。

妈妈倘若感到幸福，自然希望女儿拥有同样幸福的生活。但世上还有一类母亲，自己明明不幸，却也希望女儿继续走她这条老路。换句话说，不管幸与不幸，妈妈这一代女性，脑子里很难想象除此之外，身为女人还能拥有别样的人生。正因为做女儿的你领会到了妈妈未曾吐露的期待，才会担心万一与之背道而驰，会构成对妈妈的辜负。

尽管妈妈过得挺幸福，你仍感到心存抵触，原因在于，她的人生看起来"一心扑在家庭里，为之奉献了全部自我"。借用上一个问题（Q9）的答案，就是放弃了成为主角的机会，貌似沦为了他人的配角。况且，身为妈妈尽心尽力服侍、照顾的家庭一员，你自己恐怕也对她抱有些微的内疚感吧？故而，才动用了"背叛"这么严重的字眼。

我们不妨从两个方面来审视这一问题，即从老一辈女性与新生代女性的人生模式，及过去与未来两代女性的差异入手，来进行探讨。

　　首先，妈妈那一代女性曾拥有怎样的人生选项呢？妈妈在婚前，有过工作经历吗？再往前追溯，妈妈出身于怎样的家庭，接受过怎样的教育？假如当初妈妈没有选择嫁给爸爸，会有怎样的人生等待着她？没有谁一生下来便注定要成为家庭主妇。妈妈那一代女性，婚前应该都有过职业经历。成为全职主妇，是因为辞掉了工作。在你看来，假如妈妈不曾辞去工作，那么如今，她的人生又会是怎样一番面貌呢？妈妈的女友中，有至今仍活跃于职场的人吗？妈妈有没有时常拿她和自己做比较？

　　当然，不管选择哪一种人生，必然有得也有失。妈妈对自己的选择，如今想必是满意的。但人类往往有一种倾向，对待再也回不去的从前、无法挽回的曾经，事后总会在心理上将之合理化。此刻支撑妈妈幸福感受的，大概是和爸爸融洽的夫妻感情吧。你爸爸既不出轨也未失业，更不会对妈妈拳脚相向，作为一个合格的丈夫，实在难得。

　　如果妈妈对自己的人生持肯定态度，大概也会希望身为女儿的你过上与她同样的生活，继承这份幸福吧。毕竟，走入婚姻、成为全职主妇，是妈妈那一代女性所能拥有的为数不多的人生选项之一。

　　而此后即将上演的，是属于你这一代女性的

人生。

与妈妈所处的时代不同,男女两性置身的大环境,如今有了翻天覆地的变化。因此,不妨做好思想准备:如今你父母的生活方式,今后大概率会很难拥有。正如图 2 所示,现如今双薪家庭(夫妇双方皆有收入来源)的数目,远远超出了单薪家庭(仅户主一人拥有工作收入)。类似你家这样的单薪家庭,属于社会中的少数派。"双薪家庭"这个概念,换成日本通俗的说法,就是"两口子合力挣钱养家"。近来,人们开始用"单干户"这个词,来称呼单薪家庭。

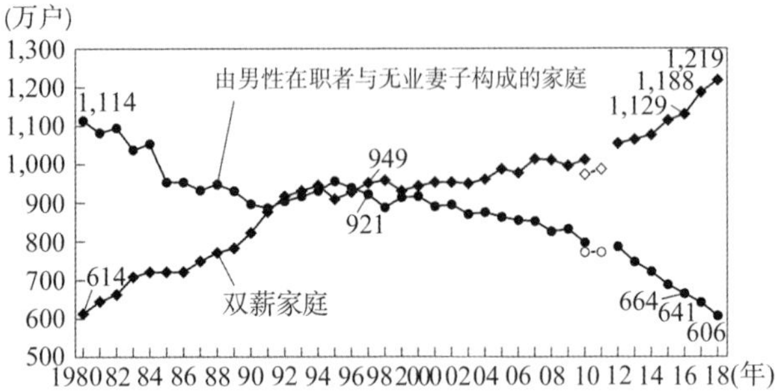

图 2　历年来双薪家庭的数量变化

(参照日本内阁府男女共同参画事务局《男女共同参画白皮书 2019 年度版》绘制)

在今天的日本,类似你爸爸这样仅靠自己一人的收入,就足以保障全家过上优裕生活的男性的数目已急剧减少。大抵而言,女性若是自己不工作还希望维持宽裕的家境,会期待将来的老公年收入至少在六百万日元以上。据求职网站 doda.jp 公布的数字,二〇一九年度,达到这一收入标准的二〇世代①人士仅占 3.3%;三〇世代②人士仅占 17%,且这批人有极高可能性已步入婚姻。这意味着,女性邂逅未婚高收入男士的几率大大降低。换句话说,这里是一片厮杀激烈的战区。在平均年收方面,二〇世代男性为三百六十七万日元,女性为三百一十九万日元,如果是双薪家庭,夫妇收入合计最高超过六百万日元。可见两人同时工作,家境的宽裕程度将大有区别。所以,与你同世代的男孩,将来会指望太太也能一起赚钱养家。会有越来越多的男性认为:作为妻子的最佳人选,比起一心想当全职太太的女孩,愿意外出工作的女孩更有魅力。大概男人们已经意识到,养某个成年女人一辈子是副千斤重担。

另一方面,女孩活跃于社会、职场的机会不断增多,也和妈妈身处的时代不可同日而语。期待女孩

---

① 指 20—29 岁人士。
② 指 30—39 岁人士。

迈入职场的,不单是她们未来的丈夫,同时也有企业与社会。大众终于了解到一个事实:没有女性的参与,社会系统将无法维持良性运转。

在令人眼花缭乱的人生选项前,十几岁的少年人理该兴奋得摩拳擦掌,憧憬着今后每条路上的风景。正值青春好年华,没有必要自我设限,去缩减自己的选择余地。你大可向妈妈坦言:"你那个时代无法拥有的人生选项,我这一代人可从来不缺啊!"我猜,妈妈如果真的爱你,即使你未能选择她属意的那条路,她也一定会发自内心地充当你的后援。

★ 5. 女孩都是赔钱货?

> Q11. 每次去爷爷家玩,他都会给哥哥弟弟发零花钱,却从来不给我。有时还当着我的面感慨:"这丫头要是个男孩该多好……"怎么?生为女孩,有什么问题吗?

A11. 哈哈哈,爷爷重男轻女的心思,还真是一点也不遮掩呢。

你爷爷出生在哪一年?他成长的那个时代,女孩一生下来,就会被家长嫌弃"什么嘛,是个丫头片子",要么抱怨"女娃都是赔钱货"。一个人自打出生之日起,便由于自身性别被宣判了价值的高低贵贱。真是个糟糕的时代啊!

养儿育女,既花精力又费功夫。为何当时的父母却普遍认为"养女儿不值得",换句话说,把心力、财力投资在女儿身上是件血本无归的事呢?反正长大嫁作他人妇,便成了泼出去的水,就算花钱让女儿受教育,将来也不会出人头地、光耀门楣,从投资收益来说等于是零。爷爷发给哥哥弟弟的零花钱,从爷爷的角度讲,便属于一份"投资"。也就是说,在爷爷看来,投资男孩"有钱途",投资女孩"亏老本"。

不止是零花钱这么简单。在过去的年月里,当父母的会露骨地把孩子加以区别:谁是值得投资的对象,而谁没戏。比如,饭桌上的好鱼好肉,都要紧着男性家长和长子先吃;举全家之力让儿子接受高等教育,却不送女儿上学识字;为了供兄弟读书,把姐姐妹妹卖去当学徒或佣工。你听了一定大为震惊吧?

在爷爷的那个时代,这类做法的确是合乎现实的选择。原因在于,投资是一种期待未来回报的行为,把钱花在女孩身上,如愿获得收益的可能性却非常低。换言之,好不容易花大钱供女孩念了书,将来可任其施展拳脚的舞台却寥寥无几。

不过话说回来,如今的社会和爷爷当年比起来,已改天换地。女子接受高等教育已成理所当然之事。这说明,父母们慢慢发觉,投资女孩也能换来收益。况且时至今日,结婚已不再意味着"嫁作他人妇",而是个体与个体之间的结合。女儿一辈子都是自己的女儿,父母纵使将来上了年纪,也始终可把女儿视作自身的依靠。现在的情侣,恋爱期间便抱有一种想法:自己的父母自己照顾,不假对方之手。现如今,还指望儿子娶妻,即由媳妇来孝敬、赡养自己的公婆,早已是观念落伍的老古董。

你大可给爷爷讲讲道理:"爷爷,你光投资哥哥和弟弟,将来也不见得能收到回报,在我身上也下点本钱,才算是明智之举哦。"

话虽如此,你父亲(或母亲)被这种重男轻女的爷爷养大,到底能组建出怎样开明的家庭呢?最好把我教给你的话,拿去跟父母也敲打敲打。我猜测,父母在对你的教育投资上,恐怕不如对哥哥弟弟那么上心呢。

★ 6. 男女生的升学路，为何各不相同？

Q12. 妈妈总叮咛哥哥"非考上大学不可"，对我却说："读读短大①就够了。"还声称："这样对结婚有利。"这是真的吗？听说，我朋友告诉她父母自己想读医学部，却被父母数落："女孩子嘛，将来当当护士就行了。"

A12. 你是否读过我给 Q11 的回答？比起短大，读四年制本科更花钱。在子女教育方面的金钱支出，叫作"教育投资"。未来能收回本钱、赚得利润的投资，才可称得上"具有投资效果"。可见你妈妈认为，投资女儿不会有什么效果。不止是你妈妈，在日本，多数父母都有类似的想法。至少直至一九九〇年代中期，此类观念都占据父母的头脑。

但如今，社会思潮已急剧转变。你妈妈的多数观念说不定早就过时了。据《男女共同参画白皮书》二〇一九年公布的数据，二〇一八年度，四年制本科的入学率，男子为 56.3％，女子为 50.1％，仅比男生

① "短期大学"的简称，学制二年，毕业授予"准学士"称号。

略低一点。然而,这个数字却远远超出了女生的短大入学率。这种趋势的逆转发生在一九九五年,当时的日本父母似乎已经意识到,为女儿提供接受高等教育的机会才更有利。当医生固然要比当护士花费更多的时间与金钱成本,但从获取的社会收益、经济收益来看,前者比后者划算太多。并不存在什么理由,来支持"女孩不能或不该做医生"。

你妈妈搬出的另一个理由,是"对结婚有利"。她们那一辈人,多数夫妇都是"丈夫本科 + 妻子短大"的学历组合模式。原因很简单,大学毕业的女性数量太少。而现在,本科毕业的男人择偶时也倾向选择本科毕业的姑娘。毕竟,人类更容易喜欢与自己境遇相似的对象。何况,比起女生占据多数的短大,四年制大学里邂逅合适婚恋人选的机会也更多。请告诉你妈妈:"时代不同了,想嫁给大学毕业的男人,自己最好也去读个大学文凭哦!"再者说,近来男人的想法也有所转变,认为养老婆包袱太沉重,娶个会赚钱的老婆才划算……尤其在欧洲,这类想法早已成为主流。这才是令和时代男子的真面目。时代变了! 妈妈那个年代的社会常识,放在今天已不再适用咯。

★ 7. 女生也可以立志考东大!

> **Q13.** 姐姐目前正在家复读,立志要考取东大①。可奶奶常常当着她的面发牢骚:"再读你要嫁不出去啦!"换成是孙子,我感觉她肯定不会讲这种话。为什么女孩就没资格复读,不该梦想上东大呢?

A13. 嗯……说来确实如此。人们总认为,女孩倒也该读读大学,但最好避开东大这样的顶级学府。原因大概是"容易嫁不出去"吧?

在 Q12 中我曾提到,四年制本科的女子入学率已增长至 50.1%。然而,唯独在东京大学,女生的就读比例始终未超过 20%。奇葩不? 纯粹由于好多类似你祖母的人,给了太多"女生不该读东大"的狗屁建议。

然而,你姐姐宁可复读一年,也立志要考东大对吧? 这说明,你的父母都挺支持姐姐复读的决定嘛。既然是瞄准东大填报的志愿,那么以姐姐的成绩,只要肯降低一些标准,考个普通大学肯定没什么问题,

① 东京大学的简称。

可她依旧怀着"好不甘心啊！我想再挑战一把！"的信念。你的父母看来很能体会她的心情。读预备校①也挺花钱的，况且还要比大家晚一年走上社会，简历上多了一条复读的经历，对求职就业或许也存在不利因素……而你的父母却推开重重阻碍，对姐姐说："加油试试看吧！"他们真是了不起！和当奶奶的意见显然不一致。是啊，祖母、母亲、孙女，三代女性的人生境遇的确发生了巨变。

话虽如此，奶奶的担心依然有一定道理。你可曾听过这类说法？比如，和哥哥比起来，妹妹的成绩更好，但家长却教育妹妹"在学习上最好别超过哥哥"，要么是"成绩优秀的女孩子，要懂得装傻"等等。

东大内部，有一些仅招募东大男生与他校女生，而东大女生却没资格加入的校际网球社团（即突破了各校"围墙"的联盟俱乐部）。半个世纪之前，我还在大学念书的时候，它们就已成立，至今居然仍在持续运营。得知此事，我不禁大吃一惊。据闻，此类社团招募的对象，多数是东京女子大学、圣心女子大学的女生。等于是说"我乐意接受的女生，能力素质比起世间的平均水准要稍稍高出一截，但又不能凌驾在我

---

① 专门为准备进入日本大学的考生提供应试辅导的学校。

之上"。男生们那点花花肠子,还真是一望即知(笑)。

东大男生没胆量和东大女生打交道。原因在于,她们可能与自己同等优秀,或远比自己出类拔萃。为何女生太出色会让男生感到头疼?答案也很简单。因为这样一来,男生就没法"以我为尊"了。在这一点上,其他大学的女生却不一样,她们会花痴地仰望"男神",眼睛里"噗噗"冒红心符号,口中娇呼:"哇,东大生耶!也太厉害了吧!"

对待这样的男生,应当以"老爹"称呼。没错,别看东大男生年纪轻轻,却早早染上一身"爹气"(此处的"老爹"并非指中老年男性,而是过度自我中心,以致"含爹量"过高,歧视女人、小孩等弱势立场的人,缺乏想象力又极度钝感的家伙。"爹气"与性别年龄无关。女性当中,也偶尔可见"爹味十足"的人)。大概,奶奶一辈子见过太多"爹里爹气"的人吧,才会提醒姐姐:"想讨男人欢心,读东大会很不利哦。"

不过,之所以说奶奶的建议形同狗屁是因为,世间并不尽被"爹派"占据。哪怕不去特意操心,东大女生的结婚率依旧挺高的。倒不如说,由于这类女生偏少,反而还挺抢手。更何况,就算被"爹值满满"的男生选中,又有什么值得开心的?和这种"爹系男子"结了婚,一辈子都要负责守护他那脆弱的自尊心哦。

如今已和奶奶年轻时所处的时代不同,所谓结婚,不再是女孩"嫁出去",而是男女两人彼此选择,携手组建新家庭。既然如此,男方自然更乐意选择"有头脑、靠得住"的女孩吧?对立志挑战东大的姐姐,你务必要多多支持,等回头轮到自己时,也要加油跟上她的步伐哦!

★ 8. 女生仅占就读人数的 20%?

Q14. 我从社交网站上,读到了上野老师您在东大入学典礼上的致辞(参照附录)。听说在东大,女生仅占就读总人数的 20%,我深感震惊。毕竟,世界人口的一半是由女性所构成啊!得知女子有资格报考东大,也是从二战后方才开始的,我又大吃一惊。其他的发达国家也是如此吗?

Q14. 是啊,我也震惊不已呢。

正如我在 Q12 中提到的,如今,年届十八岁的女孩,有半数都考入了四年制大学。可惜,东大的女子就读率却迟迟不见增长,始终徘徊在两成左右,呈低迷态势。实际上,对待这个问题,东大的教育者们也抱头苦恼。要采取什么措施,才能提升女子就读率呢？为避免误解，有句话我先声明一下：东大不存在选拔作弊、偏袒男生的现象。女生数量横竖不见增多，缘于报考的女生原本就少。而报考女生的比例，与合格女生的比例几乎相同。可以说"基本不存在性别歧视"。鉴于男女生的偏差值①分布情况完全一致，正是有实力考取东大的高偏差值女生都不来报考，所以东大女生的人数才总也不见增加。这背后的理由又是什么？大概是有一种人，类似 Q13 当中的那位奶奶，太喜欢打击女孩的报考意愿吧。拖后腿的，可不止奶奶一人。负责升学指导的老师也爱说："身为女孩子，不必太勉强。"女孩若敢提出"我想考东大"，身边各色人等，嘴上虽夸赞"女孩子家家，还挺不简单呢"，实际却用异样的眼光打量她。假如出身于地方城市，父母甚至会说："不准你考到外省去。"

　　从更小的年纪起，女孩的这份"野心"（成功欲）便开始不断被泼上冷水，作降温处理。"女孩子嘛，用不着那么拼。""女孩子太能干，就不可爱咯！"等等，周围的人联合起来，用尽各种花招，对女孩的上

---

① "偏差值"指相对平均值的偏差数值，是日本人对于学生智能、学力的一项计算公式值。偏差值越高，在所有考生中排名越靠前。

进意愿百般打压。女孩自己也忍不住反省起来："我是不是用功得太过分了？"

东京大学允许女子就读，起始于日本败战之后的一九四五年。战前，女生若有意报考大学，必须先读完旧制初中及旧制高中的课程。然而，无论是旧制初中或高中，清一色全部是男校。女生唯有入读高等女学校一条路。之后若打算继续升学，则只剩下女子师范学校（即培养教师的专科学校）一个选项。当时，日本东西部仅有两所此类院校：东京女子高等师范学校与奈良女子高等师范学校，它们分别是现今御茶水女子大学与奈良女子大学的前身。那个年代，没有国立与公立的女子大学，于是诞生了日本女子大学校（现今的日本女子大学）及女子英学塾（现今的津田塾大学）之类的民间高等教育机构。旧制初、高中开设的课程与高等女学校并不相同，女子只能接受远低于男子水准的教育。就算被人责备"你怎么连这也不知道"，可上学时课本从来没教过，又有什么办法？

我在前文中提过，旧帝国大学当中，率先批准女子就读的是东北帝国大学。一九一三年，创立未久的东北帝大通过独立的选考决策，接收了四名女生参加入学考试，其中三人最终合格。这三人是日本第一代女学士，其中，有两人继续攻读了博士，持续活跃于学术研究领域。当时，成为医生的必经通道——医专（医学专门学校）也对女性大门紧锁。锲而不舍地敲门，终于获准入学，独自一人混迹在男生堆里上课，被欺辱、排挤也不改初心，最终成为日本史上首位女性医师的，是荻野吟子女士。当年，尽管她已从医学校毕业，却始终拿不到批准去报考"独立执业资格考试"。女性纵有一身本领，却连参与挑战都不被允许。日本战败后，新制东京大学首次批准入学的女生合计十九名，仅占八百九十八名新生的2.1%。也就是说，女生们要团结一致，随时忍受来自男生的好奇与不解的审视。

唉，总之，女性孜孜求学的历史，也是一部苦难史。如今，你们在考虑入读大学时，会认为这是一件稀松平常、天经地义的事。要知道，之所以能有今天，全拜一群女性先驱所赐。正是她们走在前方，为大家开拓了道路。关于这一点，你们可要时时谨记哦。

国外的情况与日本大为不同。在 OECD① 各加

---

① OECD（Organization for Economic Co-operation and Development）：经济合作与发展组织，简称经合组织，由全球 37 个市场经济的国家组成，创立于 1961 年，总部设于法国。

盟国中，十八岁人口的大学入学率，女生皆领先于男生。原因何在？当然是女孩子成绩更优秀啊（笑）！所有成员国里，属日本的女子入学率最低。而在国外，不止是学生，教授、校长之中，也涌现了大量女性。欧美的名门学府——剑桥大学与哈佛大学分别在二〇〇三和二〇〇七年，诞生了女校长。而东大自建校以来，一任女校长都没有过，直到一九七〇年，才诞生了校史上首位女教授。至于我，则是东大文学部的第二个女教授。不仅日本的发展趋势远远落后于其他各国，东大更是尤为落后的那一个。

正如我在前问当中给出的回答，女子接受高等教育之所以困难重重，首先是因为，家长及周围的人一致认定"送女孩念书赚不回本钱"（教育投资缺乏回报），反正将来总要回归家庭，辛辛苦苦念了书也是白费，还不如腾出位子，把教育机会让给男孩。一九六二年，看到各高校里女生的数量日益增多，早稻田大学的晖峻康隆教授大笔一挥，为《妇人公论》杂志起草了一篇檄文，题为"女学生：人见人憎，为世所忌"。同一时期，庆应大学池田弥三郎教授也曾撰文两篇，《大学女祸论》与《女学生亡国论》，引发了激烈争议，以致举世哗然。当时，全国女生的大学入学率仅有 2.5%，而现在（二〇一八年度），晖峻教授身在黄泉之下,万一得知早稻田大学的女生比例已达37.1%,不知会作何感想呢? 顺便一提,早稻田大学女性教员的占比为 16.5%(http://www.waseda.jp/inst/diversity/information/data/)。

此外,举国轻视女子高等教育的另一项理由,是人们总认为"女孩一旦书念多了、学历高了,就会变得狂妄且不服管教,绝对没有好下场"。此种观念,正是"读东大会嫁不出去"这一神话建构的根源。在男主女从、男尊女卑的社会里,女人最好凡事皆逊于男人。为何呢? 唯有如此,男人才"管得住""好掌控"女人。常听当丈夫的骂妻子"你这样的白痴如何如何"。既然如此,你若问他"为何要选一个白痴当老婆呢?",他大概会说:"就是看她(比我)傻,才要选她的嘛。"毕竟,这样才能带着高高在上的优越感,在对方面前霸道一辈子。男人啊,真是简单易懂的生物。于是乎,一群阿姨、姐姐身为过来人,会亲切地"忠告"小姑娘:"要懂得装傻哦,这样才能把脑回路简单的男人拿捏得团团转。"也正因如此,东大女生纵是比男生聪明,也会刻意"傻傻地示弱"。

可惜啊,靠摆布"单细胞生物"和不停装傻建立起来的关系,果真有趣吗? 何况,装得了一时,装得了一世吗?

如果你希望交往的男性,必须能让你对其才华、努力发自内心感到敬重,那么,你也不妨要求对方同样尊敬你的才华与努力。彼此尊重、旗鼓相当的爱人与关系,才是愉悦而长久的。

★ 9. 社会常识与非常识

> **Q15.** 在我家,爸妈都有全职工作,但妈妈挣得更多。听说这样的夫妇容易出现感情危机。此外,不论学历还是个子,女人最好都比男人低一些,这样才有利于婚恋交往。女友说,这属于"社会常识"。请问是真的吗?

A15. 嗯……和前面的问题略有相似之处。聊完两性的学历差距、学校差距,接下来又冒出收入差距、身高差距了吗(笑)?不管哪一项,都缘于同一种价值观,即"女性最好逊色于男性"。顺便问一句,在你家,父母之间感情和睦吗?

不妨把这个问题反过来想一下。大致来说,家庭之中丈夫的收入总是高于妻子,那么,家家户户的夫妇关系就因此而格外融洽了吗?夫妇关系的质量,与收入的多寡没有关系。况且,丈夫的收入总是多于妻子,也是由于我们的社会一向虚假地抬高男人的能力,赋予他们比女人更高的地位。事实上,男性的能力并非在方方面面都高于女性。

正如前面几个问题所示,男性在学历、成绩、能力、收入、地位、身高等各个方面,都对与自己旗鼓相当,或凌驾于自己之上的女性显示出一种"敬而远之"的倾向。优秀的女性总被指责"强势""难搞""一点也不可爱"。俗话说,可爱的女人才吃香。但是,"可爱"到底指什么?在我看来,"可爱"似乎是给对方的一份保证,告诉男人"我绝不会威胁到你的地位"。当女人"可爱"的时候,自然能得到男人的好脸色,而一旦不可爱起来,马上会被视为洪水猛兽……"爹男"的自尊心,就是这么容易被触犯,这么小家子气。和心眼堪比针尖小的男人交往从来没有好下场,不如趁早甩掉。假如你是学历、成绩、能力、收入、地位、身高等各方面都比较优秀的女性,心胸狭隘的男人通常会绕着你走,说不定反而使你一身轻松,免去了许多压力。

有一项心理学测试,可测定男人通常在什么时候会拥有"自我效能感"(Self-efficacy,一种相信自己在某种情境下能够充分表现的信念,即"我很行"的自尊心)。结果显示,"赚钱能力"是效力最高的一

60

项正反馈因素。换言之，支撑男人"我很行"这一信念的，是"老子能赚这么多钱呢！"怪不得，那些爹气爆棚的男人总爱对老婆吆喝"也不想想，是谁赚钱养着你呢"，理由原来在这里。

而男人一旦失业或公司倒闭，哪怕责任不在自己，只要失去了赚钱能力，他们那份"老子最大"的身份认同，也将濒临危机。当男人发现能力、收入等方面均不能凌驾女人、处于上位时，二话不说首先诉诸的手段，通常便是暴力。在奥运女子摔跤项目中，以个人选手身份达成"史上首次四连霸"的伊调馨，估计没有哪位男士敢在她面前动粗吧？但大致来说，男性的臂力总是强于女性。家庭暴力便由此而产生。据一项针对家暴男的研究显示，交往之初或新婚未久，很少有男人会对伴侣行使暴力。毕竟早早原形毕露的话，一开始女人就不会选择他。婚后，笃定"老婆不会跑掉或跑不掉了"，或者夫妻之间的权力格局发生转变时，男人就会开始拳脚相加。实在卑劣至极。男人会不会"爹化"，并非取决于天生的基因，境遇、状况的改变通常才是触发其转化的动因。女人若是感觉"糟糕，过不下去了"，就果断地结束婚姻好了。

如果你的父母一直以来合力赚钱养家，且整个家族的人都知道你母亲薪水更高，而他们夫妇间始终还能恩爱如初，说明你父亲并不是个鼠肚鸡肠的男人。拥有这样的父母，你不妨引以为豪吧。

★ 10. 谈谈对配偶的称呼

Q16. 在日本，至今依然管丈夫叫"主公"（ご主人）或"老爷"（旦那），管妻子叫"内人"（奥さん）或"贱内"（家内），真让人不知该作何感想。如今又不是江户、明治年代了。夫妻间早就该平起平坐了。难道就找不到更合适的称呼了吗？

A16. 你说的对，确实荒谬。"主公"是臣下对侍奉的君主给予的尊称。"老爷"是家奴或当差的仆役、佣工对雇主的称呼。"内人"意指不出厅堂、不登庙堂的"内室之人"。当然，"贱内"也是只配待在家中的卑微内侍。现如今，早就没有了臣下与家奴，"主公"与"老爷"的叫法自然显得荒唐，而妻子如此称呼丈夫，更加荒唐。至于"内人""贱内"，当今女性分明早就不是深居内院、大门不出二门不迈的生活状态了，真真荒唐透顶。另外，"嫁"（日语中意为新娘、媳妇）这个词，"女"字旁加个"家"。现代婚姻已不再是"女子出嫁从夫""嫁作他人妇"了，当丈夫的仍然常用"嫁"来称呼自己的妻子，岂不怪哉？不合理之处简直太多了！

曾有研究者深入考据了"主公"这个词是从何时通用起来的。结论显示，该用语的历史相对来说并非那么古老。明治时期，"主公""主妇"之类的叫法方才出现，在民间广泛流行并固定下来。"主公"这个称谓虽然江户时代已经存在，但在当时只是臣下对君主的尊称，不是妻子用来称呼丈夫的。至于"内人"，源自于古时对深居在府邸内苑的武官妻妾的雅称，例如"恭人""室人""内舍"（日语写作"奥方""奥様"，意为内帏女子）等。在庶民世界里，虽也称妻子为"内掌柜"（女将さん，意为管家婆、老板娘），想来必是某些庶民发迹之后对武家的一种效仿。

词语是有生命的。它们也会降生、发育、成长、废弃、消亡。今天的我们，大可创造一些与时俱进的"美好称谓"。明治时代，女人称自己的配偶为"良人"，男人则称妻子为"细君"（译者按：中国古时，诸侯亦称自己的妻子为小君、细君）。"良人"在日语里发音与"丈夫"（おっと）相同。人若是"不良"的话，离缘即为上策（笑）。可"细君"这个叫法，人若是不够苗条，用起来恐怕就不合适了嘛。最近，称自己的配偶为"那口子""老伙计""拍档"的人越来越多。不过,管自己的伴侣叫"我家那口子""我家老伙计",虽说简单顺嘴,用来提及第三者时,还是使用敬称比较妥当。"你家老伙计"叫起来多别扭,"您府上那口子"似乎也挺绕口的。总之目前来说,还找不到用来替代"我家主公""您家内子"(译者按:从汉语角度看存在语病,但日语直译即是如此)的更好叫法。所以,至今仍在沿用这套奇葩称谓,也是不可讳认的实情。可话说回来,谁若是听到"我家主公"这样的叫法,心里难免犯嘀咕:"敢情你是奴隶不成?"要么,被人提到"您家主公"如何如何,也会很想反驳一句:"我家才没有主公呢!"如若被人称作"内人",更忍不住想回怼:"我天天在外面跑,明明该叫'外人'才对!"现在,还存在一种称谓,管配偶叫"同居人"。但近年来,不少夫妇选择了"分居走婚"的生活方式。依此类推,万一要是对谁说,"您的分居人"如何如何,听者还不得笑喷出来。麻烦哪位高人,快来发明点更好的叫法啊!

在这一点上,英语中的"your wife"(您妻子)"my husband"(我丈夫),就十分简洁明了。而在日语中,话语间提到的,明明是自己最亲的家人,却非要故作谦卑,管丈夫叫"外子"(宿六),管妻子叫

64

"拙荆"（愚妻），管儿子叫"犬子"（豚儿）。要知道妻子、孩子也是人，具有独立的人格。真希望我们的文化也能鼓励大家尊重亲人，承认家庭中每个个体的美好价值，听到别人赞美自己的家人时，不要无谓地表示谦逊，而是像英语国家的人那样，大大方方地回答"I am proud of my wife"（我以我的妻子为豪），"I am proud of my daughter"（女儿是我的骄傲）。

★ 11. 凡是带"女"的字眼

Q17. 上下学途中的电车里，总会看到一些大妈旁若无人地高声讲话，乘客们纷纷露出厌烦的神色。与我一同目睹这番场景的朋友，嘴里小声嘀咕："怪不得日语里'吵闹、嘈杂'会写成'姦しい'呢。"在我看来，吵闹并不是女性专属的特质，但不知为何，凡是带"女"的字眼，感觉都隐含贬义，不是什么好词儿。例如：嫁（媳妇）、姑（婆婆）……更甚，还有"妇孺"（译者按：日语写作"女子供"，原意为少女、妇女与儿童，隐含有"无价值、累赘、绊脚石"之意）。这属于一种言语层面的性别歧视吗？

A17. 我们来搜集一下"女"字旁的汉字吧。

嫁、姑、妹……这些嘛，倒还好理解。奴、奸、妖、妍、嫉、妒……的确，大多不算什么让人见之开心的字眼。不妨查一下汉和辞典。

发明汉字的，是距今约三千五百年前的古代中国人，汉字早期是一些象形文字。"妇人"的"婦"字，从形态看是一个坐着的女人，旁边放了把扫帚。意思就是说，负责打扫清洁的人即为妇人？数年前，一般财团法人"人工智能学会"在其内部学刊的封面上登载了一幅扫地机器人的广告插画。那款机器人从外貌来看，便是一名年轻女性。直至今天，三千五百年前的女性观依然牢牢根植在高科技时代 AI 研究者的头脑之中，不免令人惊诧。大概在 AI 研究者（基本上都是男性）的家中，女人是专门负责打扫整理的角色。或者说他们坚信：打扫整理之类的工作，天然就该属于女人。无论科技如何日新月异，头脑中的观念却古板守旧，拒绝更新——这，便是其中典型的一例。

如今，在各界人士的抗议之下，"妇人"这个词几乎被弃置，不再使用。一九七五年，由联合国发起的"国际妇女年"（International Woman's Year）活动，最初在日本的公开译名，也曾是"国际妇人年"，现已更名为"国际女性年"。由联合国颁布的行动纲要也随之改译为《消除对妇女一切形式歧视公约》。

词语不仅具有生命,同时也是魔物。许多时候,人会受到词语"魔咒"的摆布。听到男人说"我家媳妇如何如何",女人之所以会满心不快,主要在于日文中"嫁"这个字(意为媳妇、老婆),观其形知其意,即"待在家中的女人"。让人闻之便想反驳:"我是和丈夫'结婚',又不是'嫁'到丈夫家去!"

另一个例子,便是"主公"(意为丈夫)这个称谓。主公这,主公那,说着说着,不知怎么,总感觉家里仿佛多了个高高在上的主子。我曾读过几篇与 AI 技术打造的"虚拟人妻"共同生活的男性撰写的经验谈。下班回到家中,三维全息投影的美女会上前问候:"您回来了,主人。"主人? AI 妻难道是女仆?!运用这种名为"虚拟实境"的最新高端科技,居然只是为了实现男人内心的自大妄想? 真叫人摊手无语。未来或许会有不少男性抱有这种想法吧:比起动不动顶嘴、有血有肉的真人妻子,乖巧顺从、容易驯服的 AI 妻才是最佳选择。对于这样的男人,就由他们去好了。

还有个现象,在这里顺便一提。众所周知,日语当中存在敬语表达。但你可知道,在过去的年代里,妻子要对丈夫使用敬语？你肯定会想："怎么可能！"
我在大约二十年前曾面向学生搞过一项调查，当时
的结果是：在家中，妻子对丈夫说敬语的，一例也没
有！从根本来讲，敬语这玩意是仆人面对主人时的
表达方式。不过我有个朋友，常跟她老公说："主公，
给奴家倒杯茶嘛。"这便是一种对话语的反向利用，
产生出戏谑、嘲弄的效果。词语是我们的日常工具，
有形形色色的用法。有时单凭一种表达方式，即可
窥破说者与听者双方的关系呢。

★ 12. 全职主妇的养老金

Q18. 我的母亲是一位全职主妇。将来，她有资
格拿到政府发放的养老金吗？

A18. 看来，你是替没有收入的母亲担心将来的
养老问题呢。

答案是：当然，可以拿到。有没有松一口气？

不过，你的担心是有依据的。养老金的正式叫
法为"老龄年金保险"，属于一种社会公共保障制度。
保险这东西，说白了，是在一定年限内持续缴纳保费
的参保人方能享有的一份保障金。换言之，自己一

笔笔积攒下来的钱,将来自己再从政府那里领取。这便是保险得以存立的基石。那么,你的母亲有按时缴纳保费吗？没缴的话,将来是否具有领取资格,自然是需要存疑的一件事。

事实上,全职主妇是从一九八六年开始才享有"年金权"的。在那之前,包括全职主妇在内,无业人士若想加入年金险,都必须自力缴纳保费。毕竟是保险嘛,这也理所当然。假如身处失业当中,或是尚未工作的学生交不起保费也有解决的办法:可向相关部门申请保费的减免或延期,过后再统一缴纳,但也仅限特殊情况下方才适用。你大概会问:"不缴纳保费的全职主妇,就没资格领取养老金啦？"没错,当年的确如此。"那,她们老了以后该怎么办？"关于这个问题,答案是:全职主妇不是有抚养她的配偶嘛,等她老后,可以继续靠丈夫那份养老金生活。"那丈夫过世了呢？"丈夫生前若具有领取资格,妻子也可享受"遗属年金",获得丈夫年金给付额的四分之三(一九八六年以前曾为二分之一)。"丈夫去世前,两人要是离婚了呢？"按照早先的规定,该情况下,妻子的年金给付额度为零。从二〇〇七年起,规则修订为:以结婚的年数为基准,最高限度下,妻子可分割丈夫年金的二分之一,谓为"离婚年金分割权"。

也就是说，在一九八六年以前，人妻处于一种彻底的"零权利状态"。但从该年度起，"第三号被保险者"的权益条款终于出台。根据年金保险法，参保人此前一直分为两大类：第一号被保险者（独立经营者）与第二号被保险者（受雇者）。独立经营人士的妻子几乎都属于"家族从业者"，因此可随丈夫一起作为第一号被保险者而参保。至于受雇者，即企业雇员或公务员，妻子若无业又未曾主动参保并缴纳保费，便没有资格领取养老金。直到该年度，即一九八六年，第二号被保险者的无业妻子才终于作为"第三号被保险者"，在未缴纳保费的情况下，将来依然享有领取"基础年金"的权利。

"呃？这岂非有点不公平？"是的，不公平。毕竟，享受政府养老金的人，全部要自己支付自己那份保费，而无业的人妻，不交钱还能领钱。就算辩解说"人家没有收入啊，也没办法不是嘛"，可无论学生或失业者，哪怕一分钱收入没有，同样也必须缴纳保费，充其量只能获得一些减免或时间宽限而已。虽说加入年金险必须是二十岁以上的成年人，但某些长期处于求学状态的人，很多时候仍需由他们的父母代为缴纳保费。

如此说来，在家当全职太太的人妻明明未曾缴费,将来还要领取一份养老金,这部分资金该由哪里来呢? 由"国民年金基金储备"当中来,换言之,从有职业、有收入的国民所缴纳的保险费里划拨。或许有人会说:"反正丈夫有缴费嘛,等于把妻子给捎带了,没问题呀。"然而,国民年金基金储备并非仅来源于拥有无业配偶的丈夫,其他双薪家庭的夫妇或单身男女,大家都在共同缴费,合力支撑其运作。没有任何理由要求有职业的国民必须举全体之力,共同保障全职主妇老后的生活。事实上,曾有学者算过一笔账:假如这部分全职主妇能做到自力缴费,职业男女的保费每人每年可降低将近三千日元。

那么,为何来到一九八六年,政府却酝酿出台了"第三号被保险者"的法案? 当时,日本正迎来"人口构成急剧老龄化"问题。在福利政策向来落后的日本,对老年人的照护职责主要落在每家的媳妇身上。政府非常清楚,家庭当中只要存在女性劳力,就可以抑制社会福利预算的膨胀。时任总理大臣中曾根康弘曾大言不惭:"家庭是一种自带福利的社会资产。"等于说,所谓的"日本型福祉",其运转与维系主要依赖于每个家庭中的女性。然而,全国各地"养老媳"的痛苦哀鸣此起彼伏,政府大概觉得,实在没办法再对女性的无偿劳动问题坐视不管了吧。故此,"第三号被保险者"制度方才应运而生。政治家啊，挺擅长对严酷状况睁一只眼闭一只眼呢。

　　不缴保费也能领取养老金——这项制度，叫作"全职主妇优待政策"。但事实果真如此吗？不妨来深究一二。全职主妇的丈夫，即"第二号被保险者"缴纳的保费，由其本人和雇主各承担一半。说白了，就是本人缴纳多少钱，其雇主必须也缴一份相同金额的保费。因此，比起第一号被保险者（独立经营者），第二号被保险者的情况更加划算。因为，丈夫缴纳的保费里，名义上虽说也包含了配偶的那一份，但其实不管已婚或单身，雇员只要工资级别相同，保费基数是一致的。这意味着，凭借"第三号被保险者"的福利制度，一部分的人——第一，身为雇员的丈夫；第二，必须与雇员丈夫支付等额保费的雇主——皆享受到了"人妻免费搭车"带来的好处。不可思议的是，这位"人妻"，仅仅属于"准全职主妇"，即享受全职主妇待遇，但未必百分之百皆为零收入女性。在"抚养配偶专项扣除"（参照 Q19 中的说明）的核定范围内，她们被政府"视同为零收入"。恐怕你也知道，现实生活中，男性上班族的妻子多半都有小时工、临时工之类的收入。真正无业无薪的人妻，在这年头属于少数派。在丈夫抚养专项扣除的额定范围内从事少量有限的打工劳动,这样的人妻自然也有她们的雇主。而这部分雇主却完全不必负担人妻的年金险、健康医疗险等社保缴费。毕竟可以"免费搭车",挂靠其丈夫的社保。因此,该项制度的第三类受益者,是雇用"准全职主妇"的企业主。而此项福利的利益相关人士,从第一类到第三类,几乎一律是男性。换言之,该制度从基础构造上,保障了其受益者基本为男性而非女性。好一番巧妙安排!所以依我看,就不要再把"第三号被保险者"制度,美其名曰"全职主妇优待政策"了吧。

每项制度背后,自有其初始动机、设计意图和运作手法。大家要养成深究的习惯,动脑多想想,一项制度的真正获利者到底是谁。

顺便说,日本的三大国民保险,除去老龄年金险、公共医疗险以外,还有一项介护险,即面向四十岁以上、居于日本的所有个人征收保费。这份保险的条件与机制就十分简单明了。它与老龄年金险、公共医疗险的区别仅在于是以个人,而非"户"为征收单位。女性一旦结婚或离婚,其户籍便会归入某户主名下或由其迁出,如果每次都要随之变更社保事项,再没有比这更繁琐的操作了。况且,伴随着社保事项的变更,万一忘记提交申请手续,就会发生保险漏缴、断缴的情况。因此,如果社会保障的基本单位设置为"个人",不管与谁结婚或离婚,自己的保险都在自己名下,该多好啊。这种以"户"为单位的征收思路,背后仍隐藏着"妻子是男性户主的附属品"的陈旧观念,让人真想大喊一句:"快醒醒吧!"

★ 13. 一种名为"抚养"的陷阱

> **Q19.** 我母亲是一名小时工,常念叨说,要摆脱被老公抚养的生活。父亲貌似挺有意见的,总挑她的不是。一来,为了打工,母亲荒废了家务;二来,父亲说,在抚养专项扣除的额定范围内适当打工,才更划算。请问真是这样吗?

A19. 和前面一问恰好关联起来了。

母亲那句"要摆脱被老公抚养的生活",你明白其中的含义吗?父亲反对的理由,你又是否明白呢?

日本的税收政策中,存在一项"抚养专项扣除"的减免制度,是指纳税人家庭中若抚养有不具备工作能力的子女、高龄老人或残疾儿、残疾者等,可借此免缴相应比例的个人所得税。同时,也可将无收入的配偶(夫或妻)作为抚养家属,登记到减免对象里,这叫作"配偶扣除"。孩子要上学读书,自然无法工作;高龄老人或残疾者也缺乏工作能力,有充分的理由接受抚养。但一名成人抚养另一名健康成人,却找不到适当的理由。因此,海外某些国家是不存在"配偶扣除"制度的。在日本,长期以来唯有女性才是"配偶扣除"的对象。这类人群叫作"全职主妇"。最近,"全职主夫"也逐渐加入到了这一行列。

然而,对该项制度的利用也存在若干"作弊"现象。正如我在前问中的回答,完全零收入的"全职"主妇实际上并没那么多。在朋友经营的店里稍微帮把手、在应试产业中干点批改试卷的杂务,懂外语的女性打份口译方面的零工等,都能获得一些收入,且这样的女性还为数不少。而事实是,年收入未超过一定额度的主妇,在税收政策上却与真正零收入的全职主妇享受同等待遇,称为"准全职主妇"。有点奇怪是不?

个税减免方面,法定抚养配偶的年收入上限为一百零三万日元;健康医疗险方面,扶养配偶的年收入上限为一百三十万日元。只要个人所得不超过这个额度,主妇就被判定为户主(丈夫)的"抚养家属",连带享受丈夫的健康保险。至于年金险,我在前问当中已经给出了说明。主妇的年收入假若超过一百零三万,便不再属于"配偶专项扣除"的适用对象,但仍可适用"配偶特殊扣除"制度。并且,二〇一八年税法修订条款规定:有时可视具体情况,在配偶年收入不超过一百五十万的条件下,扣除金额保持不变;唯有当年收入超过二百零一万时,才不再适用"配偶特殊扣除"制度,不享受任何优惠待遇。

已婚女性的百分之七十,都会把打工收入尽量控制在抚养扣除的额定范围之内。而你的母亲却说"要摆脱被老公抚养的生活",意味着她干劲十足,希望多多打工,每年挣到一百三十万日元以上!

而父亲的反对理由是什么呢?

首先,年收入一旦超过一百三十万日元,医疗险、年金险都无法再免费搭丈夫的"顺风车",必须全数自行承担。可不要小瞧这两笔保费支出。等你母亲自己掏腰包缴保费的那天,比起身为丈夫的"扶养家属"时,家庭总收入会不升反降。这种情况称为"收入倒挂"。若想消除这种倒挂,妻子的年收入必须达到一百五十万日元以上。想想看,这意味着平均每月收入十二万多,绝不是靠打小时工所能赚到的金额!这样一来,你的母亲是要转做正式员工吗?想来,她的能力一定颇受肯定,上司没准已经劝说她转正了呢。

父亲表示反对的第二个理由是：母亲如果比现在更加卖力地工作，用他的话说，势必会"荒废了家务"。打零工，是一种可将时长控制在"不妨碍家务育儿"这一范围内的工作方式。本质来讲，也是一种不会"连累老公"的工作方式，以丧偶式家务和丧偶式育儿为前提。事实上，当妻子提出想出去工作时，丈夫的口风往往是"除非不影响我跟孩子，要不你别去"。成年女性能否外出工作，还需随时请示丈夫的意见，获得丈夫的恩准，实在荒谬。

第三个理由是：妻子一旦挣到比现在更多的钱，在家中将会拥有更多话事权，这使得做丈夫的惴惴不安。说白了，是担心影响到目前"夫主妻从"的权力关系。万一妻子提出"你也分担点家务呗"，或者"要用自己赚的钱和闺蜜去海外旅行，拜托你好好照看家里"呢？说来说去，你父亲的想法八成是："老子才不要打破现有的生活状态呢！一丁点也不行！"

大抵而言，丈夫们在此事上的心态是：早上出门有妻子目送，下班回家有妻子迎接，家务料理得井井有条，孩子全须全尾地长大，在我视线之外的时间，管那婆娘干些什么呢，都无所谓。他们总希望，妻子外出工作前与工作后，家庭内部保持原样，一成不变。老实说，你不觉得这种思路太自私、太一厢情愿了吗？对将来夫妇二人如何齐心协力支撑家庭，压根没有成年人该有的理性协商。

此外，你父亲估计还有点隐性焦虑。那便是，万一妻子赚钱多了，提出离婚怎么办？光靠小时工的薪水，是绝对无法独立谋生的。或者说，小时工的薪水，正是雇主面向已婚女性特意设定的"差别化薪资"。"给这么多估摸刚刚好吧?"——好到足以使主妇无法脱离家庭，靠一己之力生存下去。将已婚女性禁锢在一份小时工里，锁住她们的手脚，使其乖乖待在"抚养扣除"的范围之内。至于该做法的受益人，则是丈夫与雇主。而这一切，或许正是他们两者的合谋。

如此一来，女性纵有外出工作的机会，"试试看"的意愿也会层层受挫。妻子连找份工作都得丈夫说了算，要么"批准"，要么"禁止"。正是这种做法，奠定了"夫为妻纲"的权力模式，即 Q16 中提到的，妻子奉丈夫为"主公"的服从关系。

为丈夫们夯实底气的，便是这项"配偶扣除"制度。这项制度至今都在拖那些具有工作意愿的女性的后腿。已婚女性之所以表示"我不想转正，打打短工就行!"，原因就在于太清楚制度背后这套猫腻。可回头倒好，政治家却找到了借口，说什么"女性缺乏成为正式员工的意愿"。把税金减免、薪资条件等设置得对工作意愿强烈的女性来说各种吃亏、各种不利;给那些没有年金险、医疗险的主妇授予一项"第三号被保险者"资格,让她们凭此领取一点微薄的"基础年金",要么等丈夫死后继承四分之三份额的"遗属年金"……这,便是日本对已婚女性实施的税收及社会保障制度。因此,我一直把这套东西称为"丈夫关爱保障计划"。从收支损益核算的角度来看,"只要老婆最终没把我甩了,就是稳赚"。男人们合力打造了一套制度的围栏,而后把妻子们驱赶、监禁其间。

目前,社会上有一些呼吁废除"配偶扣除制度"的动向,提倡每位国民不论婚否、职业及身份,都按照自己的劳动所得去缴纳税金。如此一来,女性才能跳出"抚养"的陷阱,换来一身自在吧。

★ 14. 为"生活多元化"提供支援的社会机制?

Q20. 我出身于一个单亲家庭。幸运的是,妈妈有固定工作(她曾说,不然的话,估计拿不出离婚的勇气）。我在生活中从未感受过物质方面的窘迫。况且，爸爸人也不错(?)，每月会按时支付抚养费。不过朋友告诉我："这种肯负责的爹很罕见的!"她是从家暴的父亲身边逃走的，且没有拿到过一毛钱的生活资助。她妈妈当年也为了逃生，辞去了正式工作，现在只能兼打几份小时工赚取生活费。虽说想找份正职，但年龄大了，据说难度极高。所以，我朋友报考大学时，只能放弃昂贵的私立学校，选择学费相对便宜的日本国公立大学。饶是如此，争取不到奖学金的话，她也没钱继续学业。难道，我们国家没有督促父亲履约支付抚养费的法律制度，或资助那些与单亲妈妈相依为命的穷困生，提供他们免息奖学金的助学体系吗？说到底，没有能为单亲妈妈提供经济援助，使她们不必同时兼打几份工也能保障基本生活的政策机制吗？就不能设立一个"单亲家庭保护基金"吗？

A20. 嗯，妈妈拥有选择离婚的经济能力，爸爸是个持续支付抚养费的"好人"，真的好幸运呢。

妈妈离婚后，有发生什么改变吗？离婚时，有没有和你商量过？离了婚，她的状态肯定阳光了一点吧？单亲妈妈独立养育孩子,过程想来充满艰辛,但至少不必再日日忍受与丈夫的摩擦、龃龉,单凭这一点,估计也令她开朗了不少吧。

有些时候,导致离婚的原因,单纯在于男方的过错(例如出轨等),这种情形下,与其忍受丈夫的不忠,每日生活在压抑、煎熬之中,跳出婚姻牢笼独立生活,反倒令人神清气爽、如释重负。故而,日本的离婚率才逐年走高。毕竟,单单是摆脱婚姻的压迫,女性就能自由不少。比起限制或禁止离婚的社会,离婚过程更简单便捷的社会,对女性要公平有利得多。

不过一旦离婚,基本来说,多数女性都会随之陷入贫困。你所拥有的生长环境,在离异的单亲妈妈家庭中属于罕见的个例。据二〇一五年的平均数字,单亲妈妈的全年劳动收入约为二百一十四万日元。仅凭这点钱,还要保证孩子的衣食温饱!据劳动政策研究、研修机构发布的《第五次育儿家庭全国调查二〇一八年度报告》显示,单亲妈妈的贫困率高达 51.4%。原因何在呢? 因为女性在离婚之前,即结婚、生育之际,通常都会辞去工作,而离婚后,却要拉扯着孩子尝试重归职场,这在日本社会里恐怕举步维艰。带孩子的女人只能从事一些小时工、短期零工之类的非正式工作,而微薄的薪资水准连养活自己都办不到。于是,一些单亲妈妈会同时兼打两三份工。比如,一大早先去便当店的后厨干活,中午再去超市收银,傍晚开始又在熟人开的居酒屋当帮手。如此连轴转的劳作,每天只能看一眼孩子入睡后的小脸,她们却日复一日,过着这般艰辛的生活。你或许会想,穷成这样、苦成这样,女人还坚持要离婚吗?没错,世上有些婚姻会让人觉得离婚甚至更幸福。比如丈夫家暴,孩子遭受虐待怎么办?为了保护孩子,母亲会渴望逃离家庭。

强调一句,家暴男并非从交往之初就会对女人拳脚相加。我在上一问当中已进行过说明:当男人的社会处境,或夫妇间的权力关系发生转变时,赤裸裸的权力压制,即暴力行为便会随之产生。丈夫是在以此确权:"老子才是当家的,你得乖乖听我的。"一份关系,唯有当事人感到无以为继时,能够自由退出才是安全的。因此,Q9 中梦想当全职太太的女孩,其实选择了一条风险极大的人生路。这点,想必你能明白吧?总之,好话不怕反复说:一个妻子能够自由行使离婚权的社会,要比缺乏这种自由的社会健全文明得多。

夫妻即使离异,亲子的纽带并不会随之斩断。据厚生劳动省二〇一六年的调查显示,离婚之时,父母双方针对孩子的抚养费问题达成有效协议的,仅占离异夫妇的四成不到。而协议金额,平均每月约在四万三千日元。

国立大学文科专业第一年度的学费总额,含入学金在内,约为八十二万日元(截至二〇二〇年三月),平均每月将近七万日元。四万三的抚养费,连交学费都不够。尽管如此,在最初阶段,就算男方能做到如期履约、按时汇款,渐渐地,也会开始频繁拖欠。调查显示,三年后,将近百分之八十的抚养费都会停止给付。尤其男方一旦再婚,甚至会立即掐断抚养费的支付。

养育孩子毕竟是夫妻双方共同的责任,倘若做父亲的不再汇钱过来,单亲妈妈会陷入困顿。此时,该怎么办才好呢?女方可以发函催促。若对方仍旧拒绝履行抚养义务,可向法院提起诉讼,申请采取"强制执行",直接查封、扣押、冻结对方财产,从存款中划拨相应的金额。至少在法律上,是存在应对之策的。然而,现实中真正做到这一步的女性可说寥寥无几。不止是心灰意冷、再也不愿和前夫有任何交集,而且根本拿不出打官司的时间与精力。

"有没有门槛低一点的办法呢?"有。比如在北欧诸国,政府会代替女方,从前夫的工资账户里直接将抚养费扣除。这样一来,离异双方就不会再发生拖欠纠纷了。"万一男方设法逃避抚养责任呢?"要么失去工作、丢掉饭碗,要么逃去外国,否则只能老老实实支付。"巧妇难为无米之炊,万一男方丧失了抚养能力呢?"此时国家会代为垫付,而垫付的金额将作为男方对国家的债务,终究有一天是要清偿的。通过这种方式,金钱方面的往来交涉仅发生在前夫与国家部门之间,女方完全不必操心或介入。每个月,国家会代为征收抚养费,真是完善高效的机制啊。

呃,你问"为什么日本不这么办呢"? 是啊,简直难以置信。现如今,日本尚没有将"抚养费强制征收"纳入法制化轨道的动向。既然选择把孩子生下来,就休想推脱抚养义务,这是天经地义之事。在瑞典,即使父母双方没有法定婚姻关系,但只要认定是孩子的血亲,男方便有义务持续支付抚养费,直到孩子年满十八岁。我有一位定居瑞典的朋友,据说日常总不厌其烦地教育儿子:"就算女朋友告诉你'今天是安全期哦',你也千万不要相信。"避孕是男人的责任。哪怕一次疏忽导致意外怀孕,今后便须背上十八年的重负。因此,性爱当中,次次都得小心谨慎。

日本的法律构造却使得男方易于逃脱抚养责任,妥妥的"男性优待型社会"。你的学校里,有没有女生不慎怀孕的例子？所有导致受孕的性行为，都必然有男方的参与。而学校的应对方式，要么劝说怀孕的女生自行退学，要么给予女生开除学籍的处分，对涉事的男生却不作任何追究。你所在的学校存在这种事例吗？许多男生就是从这种优待中，学会了"不负责"三个字。

另外，单亲妈妈养育的孩子如果打算报考大学，日本学生支援机构（JASSO）有提供一些面向低收入家庭的奖学金，分为"给付型"与"贷与型"两种。给付型日后不需要偿还，贷与型属于借款性质，毕业后必须逐步偿清。在此基础上，贷与型又分为"免息"与"有息"两种。假如申请到给付型与免息奖学金，入学金与学费也可同时获得相应的减免，条件是必须成绩优异。有息奖学金（年利息上限为3%，在学期间则无息）的话，现如今凡是申请者，全员都可以拿到。至于贷款金额，就读日本国公立大学并从自家每日走读的话，每月为两万到四万五千日元不等；若在外租房走读，每月上限为五万一千日元；就读私立大学的话，依走读情况，上限分别为五万三千日元与六万四千日元（引用自日本学生支援机构《奖学金手册》二〇二〇年版）。考虑到交纳学费之后还有生活费与学习费的支出，凭这点奖学金终究是入不敷出，不在课余从事打工活动是难以维持学业的。并且，毕业后又要身负二百万日元左右的债务，重新站在起跑线上。在大环境不景气的今天，即便手持大学文凭，也未必能找到足以一边还贷一边维持生活开销的稳定职业。在 OECD 诸国中，日本的教育预算本就属于最单薄的，建立在学生本人及其家庭先承担掉大部分教育开销的基础上，这是不可讳认的实情。因此，学历这东西，往往是学生家长经济实力的一种证明。由单亲妈妈养育、经济过于困窘的孩子，很容易落入不利的境况。二〇二〇年起，国家虽开始推广实施"高等教育无偿化"政策，但受惠对象仅限于年收入二百七十万日元以下的非课税家庭①。假如不分家境贫富，凡是渴望求学的人都能免费接受高等教育，该有多好啊！

此外，近来受到新冠疫情的影响，以餐饮业为主、原本积极招收打工学生的企业或店铺的数量也在锐减。依靠打工收入筹谋生计、规划学业的学生中，出现了一些由于缺乏进项而迫不得已退学的例子。日本对待背负着国家未来的年轻人一向吝于投

---

① 非课税家庭：日本政府为了支援、救济经济困难的低收入家庭，对其免收"居民税"的一种福利政策。

86

资。长此以往,国家的前途也岌岌可危。

面对这种境况,该怎么办呢? 倘若是高中生的话,"十八岁公民选举权"近在眼前。不久前,即二〇一九年,文部科学大臣提出了一项议案:高考的英语考试,今后将全权委托民间的考试公司来主理。但如此一来,考点考场势必过于集中,仅对日常有大量机会参加各种收费考试的都市考生才显得有利。于是,十几岁的青少年对此发起了抗议活动。迫于形势,文部省匆匆撤回了议案。对于手握选票的群体是何动向,政治家素来十分敏感。改写制度,从来要依靠政治手段。哪怕你只是一名高中生,或许也具有改变政治的力量哦。

★ **15. 谈谈"随夫姓"的生活**

Q21. 女人结了婚,为什么非要改随夫姓不可呢? 日本法律为什么从不认可"夫妇别姓"呢?

A21. 其实不愿改随"对方的姓",也是允许的哦。日本民法典只是将"夫妇同姓"确立为基本原则,至于要"随夫姓"还是"随妇姓",全凭当事人自己的意愿。拿不定主意的话,就"剪刀石头布"说了算,或是抛硬币来决定。总之，若想选择"夫妇别姓"，不管你告到哪里，打多少官司，法院都不会批准。二〇一五年，日本最高法院曾在判决中宣布，"夫妇同姓"的法律，本身并不违背男女平等原则。

违反倒是不违反。问题在于，据二〇一六年度厚生劳动省的调查，现实中百分之九十以上（96%）的新婚夫妇，填报户籍时都会登记夫姓。在姓氏的选择上，可绝对未达到男女平等。填写结婚登记表，明明是夫妇二人重新创建一个新户籍，然而时至今日，对女方采取的说法依旧是"入籍"或"出嫁"。其背后，恐怕仍是"结婚等于女子嫁入夫家"的古早观念在作祟。

法律与现实之间，往往存在巨大的落差。即使口头高唱平等，实际当中蒙受"换姓"这种利益损失的，女性占据压倒性的大多数①。而对此，最高法院

---

① 作者注：不得不改换婚前在职场上使用的姓名，不仅会造成诸种不便，并且住民票、护照、驾照、银行账户的户主等皆需一一变更名称，为此要办理繁琐的手续，花费大量时间精力。何况每当结婚、离婚、再婚之际，都要随之变更姓氏，无疑是将个人隐私一次次暴露于人前。而这种麻烦的滋味，无需换姓的男人却从来用不着体会，落得一身轻松。近来，就算户籍上的法定姓氏发生了改变，生活或工作中也依然沿用旧姓，以"别名"行走的做法也渐渐获得了大众的理解，但由于别名与法定名不一致，时常会引发形形色色的不便或纠纷。

从未纳入过考量之中。不过，目前最高法院的十五位大法官里，有三位是女性。在二〇一五年的判决中，十五位法官有十位判定夫妇同姓合乎宪法，其余五人（含两名男法官）则判定违宪。也就是说，三位女法官一致对之持反对意见。可见在这个问题上，女法官们大概也进行过不少辛苦抗争。假设法官中女性的比例更高一些，或许就会颠覆判决结果。顺便补充一句：在法学者当中，认为"强制夫妇同姓属于违宪"的人，其实占据压倒性的多数。

呃，你问："既然如此，女人为什么还要从夫姓呢？"你是否听过以下规训：女子在择偶时，要物色比自己条件优越的"三高对象"（高学历、高收入、高个子）；又或是求婚之际，自己不可主动开口，要设法诱使男方提出来？

日常生活中，女孩总喜欢卖弄自己是"被男人选上"的，以此暗示自己有魅力。那么，有资格"挑拣"的一方，在两性关系中自然也会处于强势地位。自打结婚之初，夫妇双方在话事权方面握有的"筹码"便不相同，根本谈不上平等。于是，重大关头女方也免不了退让，以保全男人的地位与面子。结果就是，女子婚后选择"从夫姓"的比例，高达90%以上。

反之，若胆敢向男人提出"爱我的话，就改随我

的姓嘛",便等同于给男方强行制造麻烦与不利。早
点从法律上实现"夫妇别姓"该多好啊！这样一来，
夫妻双方谁也不必为对方作出牺牲。

　　据《朝日新闻》二〇一八年举办的舆情调查显
示，支持"夫妇别姓选择制"的公民比例，已攀升至
69％。由此可见，最高法院大法官们的意见，与民意
动向可谓相去甚远。何况"夫妇别姓选择制"，本质
是个提供"选择"的制度，而非要求"必须别姓"的硬
性规定。乐于同姓的夫妇敬请自便；至于不乐意的
那些，也大可听随本心选择别姓。这样尊重个体意
愿的制度，不会使任何一方感到不幸。现行的"夫妇
同姓"制度，是一种"非同姓不可"的强制手段。反对
修订法律、变"强制"为"选择"的人到底秉持怎样的
理由，实在令人费解。国会议员中有一帮态度顽固
的反对派。借用他们的说法："一家人就该整整齐
齐，假如各姓各的，势必破坏家庭的一体感。"可世上
明明不乏全员同姓，却各怀鬼胎、心思涣散的一家
人；也不乏姓氏各异，却和和睦睦、相亲相爱的一家
人。自己不认同的事，就禁止他人选择，这种做法在
我看来，简直就是把一己的价值观念强加于人。

　　再说了，联合国早在许久之前就对日本政府提
出劝告，为了推进两性平等，希望日本早日实现夫妇

别姓。而我们目前的政府,却对来自国际社会的劝告丝毫不予听取。在你结婚的那一天来临之前,若是能使夫妇别姓制度成为现实,该有多好!

★ 16."继承祖墓",是个沉重的包袱

Q22. 我家有座祖上世代相传的宗祠。因为家中只有我和姐姐两个女儿,父母时常叮咛,让我俩不管谁都好,必须招个女婿上门,以继承祖宗家墓。我和姐姐一直互相推脱,可说到底,非得招个女婿入赘不可吗? 万一我们姐妹俩一辈子独身怎么办呢?

A22. 哎呀呀,你口中这座"世代相传的宗祠",能够向上追溯多少代呢? 你是出身于名门的大家千金吗? 你家祖上是皇族,或类似于冷泉家①这样的朝臣公卿吗? 哪怕牺牲掉某个女儿的一生,也必须继承家族传统? 真是受累啦。

墓葬文化的考古研究指出,在日本,"世代相传的宗祠"最初登场,并不会早于江户时代末期。向上

---

① 日本唯一还住在公卿宅邸的家族,一九八一年成立了"冷泉家时雨亭文库"财团,竭力保护先祖留下来的文书典籍及绘画。

追溯的话，也不过六代左右。除了祖墓之外，贵府有没有封号、家产、家业、传家宝、家谱、家训等，由祖先那里承袭下来的一套物质或非物质遗产？守护宗祠这件事，首先要有继承这套东西的人值得为之守望的有形资产，才不枉费心血。你家若真有如此宝贵的香火要传承，在生下你们姐妹二人后，就该再接再厉多要几个孩子，直到拼出个男宝再罢休嘛。连续生下几个女儿，最后总算生出儿子才宣告封肚，这种情形在过去叫作"末子长男"。原因在于，当父母的巴望有个男性继承人，为此而不惜一切。可你父母自己不知道努力，只会寄希望于女儿，真有点说不过去呢。不过话虽如此，就算你家有儿子，他身为"长男"，就理该背负这份重荷吗？也太可怜了吧。你不妨问问父母："咱家有值得牺牲某个孩子的幸福，去加以守护的宝贵传统么？"

你心里大概会嘀咕，"就算我家没啥了不起的东西要继承，至少也得把姓氏传下去"吧？那我再问问你：你家的姓氏是从哪一朝传下来的？百分之八十的日本人直到明治时代都是草根庶民，连姓氏都没有。姓氏这种东西，是户籍制度诞生之时起，为了登记造册而当场现编的。在那之前，都以堂号、商号或字号称呼。若说证据的话，你有没有发现：田中、小川、新田之类与农业挂钩的简单姓氏数量特别多？它们只不过是当初的农民，依据自家所处的地名、自然地形地貌等随口编出来的。

你的父母选择了只生两个女儿。女儿将来或许会结婚，或许不会；结了婚或许会改随夫姓，或许不会；婚后或许会生小孩，或许不会。假如没有孩子，你父母的姓氏就算能够保存到你这一代，下一代人也不会再延续。未来是个少子化时代，若是两名独生子女结了婚，会有什么结果？祖墓与宗祠也不得不面临要么废弃、要么合并的命运。时代已变。墓地香火的鼎盛，必然发生于出生人口稳定增长的年代。建议你告诉父母："当年你俩要是多生几个孩子多好啊！可惜现在为时已晚，就死了这条心吧。"其实父母最高兴看到的，不是孩子牺牲自己的痛苦模样，而是自由自在度过一生的幸福表情。你可千万别自我设限，把人生路走窄了！

★ 17. 护理老人的事，全归我管？

Q23. 我妈常跟我讲："以后养老就靠你啦！"难道她生我只是为了"养儿防老"？结婚以后，老公的父母也必须我来照管吗？有种会累死的预感。

A23. 读了你的来信背后发凉。等于说，孩子只是父母的一份养老保险?

怎么说呢，父母好歹给了你生命，又把你一点点养大，为此母亲也吃了不少苦、受了不少累，她晚年身体日渐虚弱，你总不能不管她的死活，可大小事一股脑全推到你一人头上，估计会把你累趴在地。假如你不是独生女，当年母亲给你生五六个兄弟姐妹，将来彼此还能分摊些养老的担子。说不定，你母亲心里还暗自庆幸：好在当年生的是个闺女，不是儿子。

前阵子，我曾听某位人妻抱怨："儿子一旦交了女朋友，就被人家抢走了呀。"可她自己分明就是"抢走人家儿子的媳妇"。现在似乎还有一些做妻子的，三天两头会走一趟娘家，而对公婆家，却只在逢年过节偶尔问候一声，或是跟丈夫说："你自己回去一趟不就得了嘛。"

似乎许多父母都会把女儿视为自己的私人财产，或养老的"主力护理员"。尤其母亲，更是抱有这样的心思。她们的逻辑是：毕竟，比自己年长的老头子可能会"先死一步"，等服侍老头归西以后，就剩下自己一人寡居，届时，给自己养老送终就成了女儿的职责，女儿可得做好这个思想准备呀。

　　曾有一项民意调查（出生动向基本调查）试图了解："假如一辈子只能生一个孩子，人们通常认为女儿好还是儿子好？"结果显示，从一九八七年起，倾向于"生女儿好"的人群比例逆势翻转，开始跃居主张生儿子的人群之上。在男尊女卑观念根深蒂固的东亚诸国与地区间（中国、韩国、日本），唯独日本是个特例。在其他两国，人们至今仍以"生儿子"为最大愿望。在实行计划生育政策的中国（自二〇一六年起开放二胎生育），新生儿的出生性别比（女婴对男婴比例）高达 100：115。自然的出生性别比（即不施加任何人为干预的状态下新生儿的男女比例）本应在 100：105 左右，故而看到 100：115 这个数字，自然不难想到："暗地里肯定存在违法勾当！"比如，依靠生殖技术鉴别胎儿男女，选择性地堕胎，某些时候甚至可能有杀害女婴的行为等……这样畸形的一组数字，必然会引人联想。可见，女孩在出生之前便不受欢迎。

　　那么话说回来，女孩在日本更受家长的欢迎，是否证明女性的社会地位提高了？很遗憾，我们无法自作多情。毕竟现象的背后，充满了父母的算计：女儿可以一直留在身边，做个贴心小棉袄，使自己尽享天伦之乐；女儿乖巧听话，对爸妈的吩咐往往乐于服从;最后等自己上了年纪,女儿还能服侍、照料,给自己养老。而你的母亲,估计也有同样的心思吧。在过去的年代里,儿子长大成人、独当一面后,父母全要倚靠儿子赚钱养活。现如今,高龄人士都有政府发放的养老年金,用不着再指望儿子过活了。所谓年金制度,你可以将之理解为"代际间的生活费汇款制度"。儿子如果月月都要寄汇款单过来,当父母的恐怕会在儿子面前抬不起头来吧? 但是由国家出面,向职业男女征收相应的钱款,再以年金的名目发放给老人,这笔钱就成了光明正大的"个人收入"。钞票上又没印名字,从年金里拿点出来给孙子发零花钱,老人想怎么花都很自由。不过,经济上虽不必再依赖儿子,取而代之却有了另一份忧虑,便是老后的照护问题。等到身体不灵便、失去行动能力、需要生活上的关怀时,比起儿子,还是女儿更靠谱。儿子的妻子——也就是儿媳——压根指望不上。再说了,儿媳也有自己的双亲需要照管,比起公婆,以自己的父母为优先也是理所当然。近来有一种趋势,夫妻之间各承担各的养老任务:丈夫的双亲由丈夫照顾,妻子的双亲由妻子负责。因此,儿子参与老人护理的例子也在逐渐增多。以为自己身为男人,就可以在看护父母的过程中既不出人也不出力,这种观念放在今天早已行不通了。哪怕是做儿子的,最好也掌握一些家事、育儿、护理方面的技能。可是话说回来,似乎也存在一种倾向:在丈夫照应老人的过程中,妻子都会从背后予以支援,而妻子照看自己的父母时,做丈夫的却往往袖手旁观,不提供任何助力。

不过呢,在二〇〇〇年,日本发生了一场巨变。一九九七年,《介护保险法》①出台,自二〇〇〇年起正式实施。你的父母此刻还健康硬朗,不过爷爷奶奶、外公外婆中,有没有拿到"需要介护"②资格认定的人呢?介护险要求四十岁以上的日本公民全员缴纳保险费,原则上来讲,自六十五岁起,倘若需要相

---

① 介护保险法:在人口老龄化、核心家庭化日趋加剧,介护离职等问题逐渐凸显的大背景下,考虑到 40 岁至 64 岁人士不仅自己因衰老引发疾病,导致需要介护的可能性增加,其父母也有极大可能因年事已高而需要介护,日本厚生劳动省以"全社会共同支援介护,减轻养老不安"为目的,于 2000 年实施了介护保险制度,规定年满 40 岁的日本公民及在日外国人,皆有义务加入介护保险,缴纳相应的保费,65 岁起则有资格申请享受介护服务。投保人需承担服务费用的 10%,剩余 90% 由各级政府财政补贴,及个人所交保险费各占一半。

② "介护"二字源自日语,包含"身体照护"和"家庭服务"双重意义。日本的介护等级包括移动、进食、排泄、洗浴、穿脱衣、视听力、修饰、记忆力、情绪行为、工具使用等,合计 85 项细则标准。需要介护服务的人可向政府机构提出申请,相关部门与主治医生依据一套完备的调查认定制度,为其确定需要服务的等级。

关的护理服务,就可以申请使用。一旦获得了"需要介护"的认定,便会有专业护工上门照料,或加入"日托"机构,短期寄宿于养老院等福利设施,享受相应的生活服务。若达到"重度失能"的标准,即可获得入住公共养老院或定点医疗机构的资格。如此一来,高龄老人的家属再也不必辞去工作,牺牲个人生活,事无巨细地陪伴、照料了。当然,身为老人的家属,自有他人无法替代的重要作用。就算不必亲手为老人换尿片,也要充当"司令塔"的角色,针对何时、该利用何种服务项目,负责拍板拿主意。为了帮助公民做好决策,全国各地都设有专业的护理主管及区域综合支援中心①。若有需求,请尽量向业内人士咨询。

你是不是认为,现在就去了解老年护理的问题,尚且为时过早?方便的话,你不妨到附近的区域综合支援中心,或介护服务站参观一下。若是身边接触不到上年纪的人,你也可以去日托所或介护机构当几天志愿者试试。届时你就会明白,将来某一天

---

① 区域综合支援中心:为使每个居住地的老人健康安心地生活,从保健、医疗、福利等各方面提供全面支援的机构。内有专业的保健师、社会福利士、介护主管等工作人员,由市区町村或市区町村所委托的组织进行公共经营,每个市区町村至少设有一个。

自己的父母甚至自己,也会步入垂暮之年,面临这样的衰老与病痛。

你大可这样告诉母亲:"别担心,等你老了可以利用国民介护险,专业人士会提供合适又周到的照料。"但在那之前,也别忘了对家居环境做好无障碍化改造,给厨房安装无明火、安全系数高的电磁炉,提前为父母老后的生活做好准备。

子女在给父母养老的过程中,付出的牺牲倘若过于巨大,以致父母离世后依然心存怨怼,不能释怀,那么无论对父母或子女来说,都是莫大的悲哀。子女除了要在老人护理的问题上充当决策者,还要时常陪父母聊聊开心美好的往事,有事没事多见见老人家,进行一些唯有亲人才能办到的"爱的交流"。为此,你一定要和父母建立起良好的亲子关系哦。

第三章

做个「现充」的人，太辛苦？

★ 1. 管头管脚的男朋友

Q24. 我交了个男朋友。两人不在一起时,他对我的一举一动总格外在意,企图实时了解我的动向,接二连三在 Line 上发消息,搞得我不胜其烦。假如我不读不回,他就会发脾气,甚至命令我:"不许和别的男人说话!"我是不是和他分手才好呢?

A24. 哇,你自己不是把答案说出来了吗?"我是不是和他分手才好呢?"是呀,没错。

你这位男友似乎认为,两人只要开始交往,女朋友就成了"老子的私人物品",不管你人在哪里、做些什么,都要以他的旨意为第一优先。我在前文中已经提到,这种"老子我最大"的男性,俗称"爹系男子"。

面对他这种态度,你是不是也曾误以为"哇,原来他这么重视我、紧张我"呢?实际上这些做法,只是缘于一种偏执狂与控制欲。比如"不许和别的男人说话",这种要求荒唐透顶!人类的半数皆是男性,假如除了男朋友,把其余的异性一概拒之门外,排除一切接触往来,人生将何其贫乏。你该不会还沾沾自喜,曾把男人的独占欲当成是"天呀,没想到他爱我到如此疯狂的地步,好开心!"吧?这样拥有极端人格的男性,倘若你半点不遂他的心意,他就会翻脸不认人,瞬间变身为跟踪狂或家暴男。有跟踪狂属性的男人,一旦女性从他身边逃离,他甚至可能将对方残忍杀害。其心理逻辑是"与其把她拱手让给别的男人,不如索性把她变成老子的鬼"。噭噭,好可怕!

因此,尽早察觉、尽早远离,才能少受伤害、平安收场。你的判断十分明智。

不过,有些女孩即使陷入这样的关系,也会表示"分不了手"。你猜她们都是哪类人?比如初次交男朋友,经验尚浅,脑子里形成了先入为主的认知,"恋爱中男人就是这样的""爱的表现本该如此";要么好容易才交到男朋友,横竖不愿撒手,于是纠纠缠缠、难解难分;又或者女孩本身缺乏自信,认为"我这么不起眼,他还甘心选择我",所以"我得多忍忍";再不然就是太过在乎世俗眼光,说起来好歹也算"有男朋友的人"了,不乐意就此失去"名分"……林林总总,反正都不像你,会基于内心的感受做决定,她们净纠结外在的一些理由。

　　请你务必牢记:被爱即等于被珍惜;而被珍惜,意味着对方懂得尊重你的想法与意志。被珍惜,是件令人身心愉悦的事。一旦与男友的关系令你感到不舒适,便是需要警惕的信号。实话实说,你这位现任男友挺烦人的。但愿你能听从自己身心发出的警告,早一刻摆脱这份不舒适的关系,越快越好!

★ 2. 现充= 谈场恋爱?

　　Q25. 我有个闺蜜,为了充实生活而谈了男朋友。难道仅仅有个男朋友,就算得上"现充"了吗?

　　A25. "现充"这个网络热词,是"现实世界中生活得丰富充实"的缩略语。而"现实"的反义词,则是"虚拟"。在二次元的网络空间里,终日沉迷于美少女游戏、成人游戏的御宅族,不无酸葡萄心理地管无此癖好的人,即享受三次元真实生活的人叫作"现充"。成为"现充"的条件之一,便是拥有男女朋友。毕竟,深情款款地彼此凝视、情话绵绵、牵手、挽起胳膊逛街、亲密爱抚等恋人间的互动,都无法在网络上达成。谈恋爱会让人有种"现实生活超级充实"的感觉吧。

不过呢,现充当中也包括从事社团活动、担任志愿者、与朋友交流、进行体育运动……等诸多选项。光是谈个男女朋友,还算不上够格。更何况,也有人忙于社团活动,压根拿不出谈恋爱的功夫。

由于"拥有男友"成了判断现充最通俗易懂的一项标准,你的闺蜜渴望被人夸赞,"真好呀,有男朋友的人果然够现充",于是才谈起了恋爱?这岂不是本末倒置了嘛。正常的逻辑是,因为交了男朋友,每天过得多姿多彩,作为结果,成了一名"现充赢家"。反之,只是盼望周遭之人羡慕自己"够现充",而拼命维持一种"男友在手"的状态,谈恋爱并非出于本心,而是顾忌面子与世人的眼光,这和 Q24 中那些"分不了手的女朋友"又有什么区别?走完"拥有男友"这个步骤以后,还有"结婚"这项指标。好多女性为了证明自己"有男人要",极力维持着"已婚"这一身份,却不管丈夫要么出轨,要么家暴,婚姻的里子早已破败如絮、四下漏风。这种生活,哪里还称得上"现充"呢?

人生除了恋爱,还有大把乐趣。用不着嗜之如命,它只是诸多乐事当中的一项。不快乐的恋爱形同于浪费人生,还是尽早摆脱为妙。千万别瞧着他人的脸色度日,要勇于为了自己而活。

★ **3. 婚姻的条件**

> **Q26.** 我问妈妈,当年为啥要嫁给爸爸。得到的回答是:"你爸条件好啊,拥有三高。"搞了半天,他俩结婚根本不是因为爱情,震碎了我的三观。难道说,婚姻就是这么个东西?

A26. 嗯嗯,你的问题似乎承接了 Q25 的主题,与那位"为了追求现充而恋爱的闺蜜"如出一辙。

我猜对你妈妈来说,婚姻大概等同于一份经济合约吧。既然如此,尽量挑选条件有利的对象,也属合情合理,"三高"只是她择偶的标准之一。在你妈妈年轻那会儿,婚姻又被称为女人的"终身职位",估计就像在某家一辈子不愁会失业的公司里,找到了一份稳定工作。

那么,婚姻对你爸爸来说,又意味什么呢? 一对一的"性交易合约"? 确保家务劳动有人承担? 或育儿保姆的"雇用合约"?

只要甲乙双方的需求能够匹配并相互满足,"合约"便可成立。至于感情,是合约之外的附属品。

你的父母平日里有亲吻、拥抱等亲密的身体接触吗?有夫妇旅行,或不被孩子打扰的独处时光吗?简单来说,二人彼此恩爱吗?当然,哪怕夫妇关系最初始于经济合约,在往后的日子里,也能慢慢培养出爱与恩情,这样的例子数不胜数。不过,也有一种可能,你的父母并不期待对方满足自己的情感需求。情况更糟的话,说不定两人都从婚外找到了寄托爱意的对象,并且一致认为"婚姻嘛,就是这么个东西"。

你的父母对婚姻抱有这样的态度,将来等你自己谈婚论嫁时,也有可能会继承这套婚姻观,觉得"结婚嘛,不外如此"。

幸好,你听了妈妈的回答后,感受是"震碎三观"。可见,你一直以为自己出生在父母恩爱的家庭中。你希望自己是爸妈的"爱情结晶",同时也期待,将来若有可能,一定要与真心相爱的对象结婚,让自己的孩子降生在一个有爱的家庭。在我看来,你的想法坦率又真诚。

彼此相爱的夫妇养育出来的孩子,无疑是幸福的。他或她笃信大人间的关系稳定无虞,也相信自身的存在是父母幸福感的来源。而体会不到这份安全感的孩子,世间却何其之多! 如果你的父母看起来关系还算稳定,或许是他们对彼此期待值较低的缘故。你在内心深处,对这样的婚姻是有所抵触的,对吗? 要知道人生啊,对心怀期待的人,往往会满足他的期待,或给予远超他期待的好东西;而对心中无所期待的人,也会回应他的不期待,什么都不给他。

此外我还有个推测⋯⋯万一你妈妈比较害羞,不好意思坦白她选择爸爸的理由,只是拿"三高"这种世俗流行的说法来糊弄你呢? 下次你再好好问问她嘛。没准她会答:"实话说,当初是我看上你爸爸,主动追的他呢。"届时,你也要老老实实向妈妈坦承:"上次你那样回答我,搞得我大受打击,心里还嘀咕,难道妈妈不爱爸爸吗? 爸爸又是怎么看待妈妈呢? 将来,妈妈会不会要求我也找个'三高对象'呢?"

我始终认为,日本的夫妇们彼此若能不加客气地坦露爱意该有多好。比如,"孩子爸,你真是个温柔的人,从见面的第一眼起,我就爱上了你,当初我确实没有看走眼呢。"或者,"孩子妈,你性情和善心眼好,当初我就觉得,和这个女人组建家庭,绝对错不了。"

★ 4. "女子力"的咒语

Q27. 男朋友抱怨说，我太缺乏"女子力"。因为约会时，我总穿一身 T 恤衫配牛仔裤。听说他哥们的女朋友，个个打扮得时髦又精致。可他自己明明穿得也很随意啊，凭什么唯独女孩子必须格外精心地修饰外表呢？我有个朋友，穿了一身萝莉装去约会，据说被男友给甩了。自己爱怎么穿就怎么穿，难道不行吗？

A27. 又是个以自我为中心的男朋友啊？他这是在要求你："照老子的喜好来打扮！"

T 恤衫与牛仔裤都属于"休闲服"，只有时髦、精致的衣着才算得上"盛装打扮"。在他看来，约会是特别的日子，希望你以节日般的规格"盛装前来"。他的心情，我倒也理解。不过，他身为男朋友，至少也该稍微收拾一下自己的外表再来赴约嘛。自己明明一副日常装扮，身穿 T 恤衫和牛仔裤，却唯独要求女朋友衣着光鲜，岂不怪哉。

再说了，回回都以一种"外出会客"的面目郑重示人，还叫约会吗？也太累了吧？更何况，一旦打扮得过于隆重,就容易陷入"自我催眠"。和他在一起好快乐啊,真希望厮守一生一世啊……既然如此,最恰当的做法是展露原汁原味的自己。重要的是,找到一个相处时不必勉力迎合的对象,允许你真实地呈现自己。

朋友就是我行我素,穿着萝莉装赴约,才被甩了?那不挺好嘛。让一次着装变成考察对方心意的试纸。在这场"我就是我,请接受这颜色不一样的烟火"的测试中,对方并没有合格。

说到这里,你男友口中的"好好打扮",具体指什么?我大致能猜个八九不离十。一头长发,烫成波浪大卷,含蓄自然的素颜妆,气质清纯的雪纺衫,搭配线条蓬松的半身裙,要么连衣裙……就算我猜得略有出入,也绝不可能是裤装造型。为什么呢?因为长发配裙子,是各种相亲联谊会上的"必杀穿搭",号称"最强女装"。这种着装路线,又叫"乖乖女""好嫁风"。换言之,是在向男人表白一种服从的态度:我会乖乖听你的话,决不凌驾在你之上,是你最中意的"好搞"的女人。你觉得,会被这种表面功夫蛊惑,而轻易上钩的男人,谈得上有魅力吗?

所谓"高女子力",意思是在"斩男"的段位上,即讨好男性这方面具有高偏差值。相反，却不存在"男子力"这种对应的说法，你说奇不奇怪？渴望被自己喜欢的人认可，是每个人都有的自然反应。既然如此，无论男女，双方都该为之付出努力。但是话说回来，为了取悦对方、赢得对方的认可而不惜欺骗自己，这样做岂止痛苦，更不会长久。唯有找个乐于如实接纳自己的人，建立彼此尊重的关系，才是正经事哦。

★ 5. 嘴上说不要，身体却很诚实？

> Q28. 我被男友强吻了。明明我曾清楚地表示拒绝。在未获得同意的情况下，强行与对方发生性行为，我认为是一种暴力。可惜，该怎样使男友明白这一点呢？

A28. 日本有句俗语，"嘴上讨厌，心里情愿"。意思是，女人在性事上一窍不通又谨小慎微，很难放下矜持明明白白 Say Yes，所以表面一副忸忸怩怩的样子，内心其实饥渴难耐。此时，男人若能看穿女人的心思，强行把她推倒"办了"，遂了她的念想，到头来女人反而会一脸娇羞地任由摆布……呵呵，不知这是何年何月的老黄历。现代社会中，与性相关的知识、信息丰富到泛滥，上哪儿去找"性事上一窍不通又谨小慎微"的女人。假装"性事上一窍不通又谨小慎微"的女人，没准反倒比比皆是。她们认为，这种欲拒还迎的姿态更能俘获男人。若问，为何非得半推半就才能讨男人喜欢？因为无知无脑的女人才便于操控。我认识的一些女孩中，有人甚至与男友长期保持着类似 SM 的、充满施虐倾向的性爱。原因仅在于，对方是她"人生中第一个男人"。在她看来，性事本就如此，尽管过程痛苦又折磨，她却从来不抱怀疑。实际上，长期遭受父亲性虐待的女孩里，也有人深信世上的爸爸和女儿天生"常干这档子事"，内心对此从不质疑。无知真是件可怕的事。就算被侵犯、骚扰，心里隐隐察觉"不舒服"，也常因无知遭到对方利用，被花言巧语洗脑，"千万要瞒着你妈啊！""这是咱俩的小秘密，跟谁都不能讲哟！"于是，就算心里觉得"不对劲"，也发不出声来抗议。事实上，比起完全不相干的陌生人，由熟人或亲近之人施害的性暴力案件（强奸），比例正逐年增长（参见图 3）。图中"相识"一项，指的是熟人、朋友，以及职场上的同事、雇主、客户等。

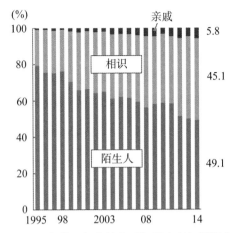

图3 已报警强奸案件中历年受害者与嫌疑人
的关系构成比变化(1995~2014年)

(参照法务省《犯罪白皮书2015年版》绘制)

　　亲吻,是身体接触的第一道关口。恋爱是一门彼此亲近的学问,要求由远及近,一步步缩短距离,先是指尖的轻触,再到牵手、拥抱,接着才轮到敏感的身体黏膜——唇的碰触,再下来则是……总之,凡事都得循序渐进。试图侵入你身体的他人,意味着一份风险。当他人一点点靠近前来时,每一步都应当征得你的同意,"这样可以吗?"正如去别人家登门拜访,主人会慢慢抽去门闩,敞开门扉。同样,把身体"交付"他人时,安全感也必不可少。一旦遭到对方的强迫,理所当然会涌起恐惧感,从而有所避忌。你的男友正是忽略了应有的步骤,妄图"甩站通过"呢。顺便提醒一句:用砸钱的方式,强行抽掉身体的"门闩",侵入他人身体的行为,叫作"买春"。

你男友的女性观似乎已相当陈旧落伍。在他看来,你心里明明"想要得很",却羞答答开不了口,所以"哪怕用点蛮力呢,老子必须引导她一把"。对待这种自以为是的男人,你可得好好给他上上课。

"用不着你多管闲事,我自有我的主张。我说要就是要,说不要就不要。不必你来瞎操心,我自己能做好抉择。突如其来的强求,只会适得其反,令我心生惧意。当你想要接吻或是做爱,不到发生前的那一刻,我并不肯定自己是否已做好身心方面的准备。所以,假如你有亲密的需求,务必先问问我的意思,比如'我可以吻你吗'。届时,我也会甜甜一笑,回答:'好呀。'这样做,两人岂非都能获得快乐?

"不过,请别忘记,我同意了你的亲吻,并不等于乐意脱掉衣服与你赤裸相见,不等于想和你去床上打交道。就算我答应发生肉体关系,也不意味着可以不采取任何避孕措施。请你每迈出一步,随时询问我的感受，征求我的意见。"

近来，"only YES means YES"（唯有 Yes 表示同意）、"没有同意，就是强暴"[1]的观念，终于开始渐渐普及。这一点，哪怕身处婚内也依然适用。不能以"双方是合法夫妻"为由，在性生活中不顾对方意愿，暴力胁迫对方就范。未曾征得同意的性行为，即使发生在夫妻之间，也同样属于强奸的观念，总算进入了大众的认知。

面对女人清晰的性诉求，某些愚蠢的家伙似乎就会"萎掉"；还有些家伙，敌视和反感拥有自我主张的女性。对待这样的男人，你主动将他拒之门外，给他吃个"闭门羹"岂不更好？

---

[1] 长期以来，针对性侵害防治的宣传教育，多以"No means No"为诉求。但这样一来，仍然将性侵的发生归咎于受害者，却忽视了加害者具有确保性行为发生在自愿情况下的责任。"No means No"代表任何人皆有权拒绝不愉快的性要求，即有说 No 的权利。然而，许多性侵受害者可能连说"不"的能力都没有，便遭到了侵害。"only YES means YES""没有同意，就是强暴"的倡导意在强调：性主动的一方，有责任确认对方在"完全清醒"的状态下"同意"性行为，而不是用"没有说不，就等于愿意"的模糊态度侵犯他人。同时，"only YES means YES"也是鼓励"沟通透明化"，避免"性同意"成为性侵案件能否成立的争议点，降低对性行为双方造成伤害的可能。引自网页："现代妇女基金会"官网，《没有同意，就是性侵》。

★ 6. 何谓公平对等的性爱?

Q29. 我发现,性爱关系中,男女的处境并不对等。该怎样做,才能建立公平对等的关系? 我的男朋友连避孕都不愿意配合。一想到不小心怀了孕或是染了性病怎么办,我就心烦意乱。

A29. 性爱是两个人的事。可明明双方都有参与,都该享受,却只有一方获得满足,另一方则饱尝痛苦,这种情形并不鲜见。本来嘛,男人之所以对性孜孜以求、不知餍足,只因这件事充满快乐。然而对不少女性来说,性事并无快乐可言,不如说反而难受和煎熬,饶是如此,也要强忍不适,"给对方操"。这样的关系,肯定谈不上"对等"。

此外,导致男女在性关系中不对等处境的决定性要素,在于性行为的结果,唯有女性才需面对怀孕的风险。这是个严酷的事实,任凭怎样咒骂造物主也无济于事。不过反过来说,任凭怎么"埋头苦干",也只有女人才具备生小孩的"天分",男人纵使再不甘心,恐怕也只有以泪洗面的份儿。换句话说,我希望无论男女,都不要忘记一个前提:性,是一种关系到生育的"造人"行为。

不过,性爱不仅发生在造人之前。造人之余或造人之后,男女依然会有性生活。为此,避孕成了不可或缺的一环。性快感仅有短短的一瞬,怀孕却是项长期的重任。随后而来的分娩、育儿,更是经年累月的责任与重担。没有做好迎接一个孩子降生世间的各种准备,无论男女,都有责任做好避孕。因此,"无套性交"可以说是一种不负责的性行为。有些男性学研究者甚至主张,应当将"无套性交"归入性暴力的范畴之中,假如无保护性交造成了意外怀孕,那么男方作为导致受孕的主因,当以"强制妊娠罪"接受制裁。可见妊娠、分娩,有时包括堕胎,确实如研究者所担忧的,给女性的身心造成了深刻的影响。

我刚才说,"无避孕措施的性交"属于一种不负责的行为。这句话还有另一层意思:你男友的所作所为,对你可谓不管不顾,毫无担当。万一哪天你怀孕了,这种缺乏责任心的男人肯定会拍拍屁股逃走,一副事不关己的态度,甚至可能会声称:"我怎么知道是不是我的种?"对你不负责,说明压根不珍惜你。不珍惜你,意味着不爱你。既然不爱,为何还要做爱?你只是被他利用来泄欲而已。承认这点也许很痛苦,但还是认清"不被爱"的事实为妙。

　　或许你会说："管他呢，就算不被爱，只要他馋我的身子，我就让他用，这才证明我爱他。"拜托，请不要如此轻贱自己。你拿自己不当一回事，他便会得寸进尺，利用你的弱点，更加怠慢你，不把你放在眼里。

　　另外，请不要把避孕和性病预防混为一谈。据统计报告显示，最近在东京都内，感染梅毒的病患数字呈上升趋势，而其中，二十至三十岁女性的患病率正连年激增（东京都传染病情报中心《梅毒的流行状况调查》二〇〇六至二〇一九年）。为了预防性病中某些恶性的病种——例如艾滋病，避孕套（下文简称"套套"）成为可兹利用的手段之一。你有为了避孕而使用套套吗？请谨记一点，套套对性病的预防相当奏效，但在避孕方面却不怎么靠得住。原因何在呢？因为套套的避孕失败率高达百分之三十左右，"明明有戴套啊，却中招了！"这样的例子不计其数。以"老子有自信，保证你绝对怀不上"的体外射精法最为恶劣。甚至有专家指出，外射法与避孕套都不应当算进避孕方法之中。假如一对男女没有"避孕失败也无所谓，万一怀上了，就生下来，两人合力把孩子养大"的心理准备，我并不推荐以上两种避孕手段。基础体温测定法也指望不上，在女方体内放置节育环亦有失败案例。低剂量的口服避孕药倒是切实有效,但唯独会对女方的身体造成负担。说来说去,总之,请把以下这句话刻进脑子里:性交,究其根本是一种"造人"行为。甚至许多婚内的女性也忍不住抱怨,性爱的过程本该是一种享受,却由于害怕意外怀孕,而难以投入其中、专心感受,一切只怪老公对避孕采取不合作态度。

为了"预防艾滋病主题宣传活动",东京大学上野研究小组的同学们曾以十几岁的青少年为对象,实施过一项社会调查,名为"你有使用套套吗"。首都圈与东北的地方城市在避孕套的使用率上存在悬殊的差距,东北地区的使用率极低。为什么呢?是东北的孩子更无知吗?如今这年月,哪还有这种事。性知识早已在全社会充分普及,不会再有十几岁的青少年相信"小孩子是雄蕊和雌蕊互相授粉长出来的"这种鬼话。据调查,真正的原因在于性爱中"女孩不敢要求男孩戴套"!明知该用却用不了……这一现象背后,是"男尊女卑"的地方文化传统在作祟。女孩以为,在性方面假扮无知才显得"更有女人味",男方则利用这一点,进行不负责任的无保护性行为。

首都圈的女孩子会说:"什么嘛,做爱戴套不是常识吗?"实际上,即便身在首都圈,也有女孩会看男友的脸色行事,做不到开口要求对方戴套。常言道,

"性是一种赤身裸体的交流"。但在袒露身体之前，男女双方不平等的权力关系已然存在，同时也作用在床上。女方甚至不敢向男方提出避孕的要求，独力把性爱的结果——怀孕的重负——全部承担下来。这未免太荒谬了吧！

★ 7. 非得是异性恋不可吗？

> **Q30.** 我喜欢的人与我同性。然而，学校的课堂或教科书里，教授的内容却多数以异性恋或异性婚姻为例。我是不是不正常呢？想想就痛苦。

A30. 喜欢上一个人，对方恰好是同性……这样的事，其实一点也不稀奇。

喜欢一个人的那份心情，是无法克制的。

可惜，女孩之间十分流行用一种天经地义的口吻相互打听："有男朋友吗？"这暗含一种逻辑：如果喜欢上什么人，对方必定是"男朋友"，即等于"男性"。这种固定认知早已深深扎根、浸透于每个人的头脑之中。而这样的偏见，甚至比"学生会长必然是男生，副会长一定是女生"之类的刻板印象根深蒂固得多。以至于当大家得知某男生喜欢的不是女生，某女生爱的不是男生时,第一反应首先是:"噫,好恶心!"你预料自己会遭受这样的对待,所以才苦恼:"我是不是不正常?"当身边的女生纷纷聊起男朋友的话题时,你却格格不入,既搭不上话,又没法挑明自己喜欢的其实是女生,内心想必满怀苦涩吧。

不允许喜欢与自己相同性别的人——这样的"禁条""禁令",社会学中称作"异性恋规范"(Heteronormativity)。所谓规范,意思就是"社会约定""群体准则",而非一种自然倾向。因此,学校的课堂或教科书里所列举的恋爱、婚姻故事,对象清一色是异性。课堂与教科书,本身便是传授"社会规范"的场所与工具。岂止如此,大量影视剧、电视节目、漫画等,也通过程式化的情节描写,反复强调"女孩对男孩一往情深""男孩对女孩狂恋不已"的情爱模式。日常生活中,我们不断耳闻目睹各类异性恋规范的讯息,就会被这种意识形态逐渐洗脑,误以为"爱情原来就是这样啊",可见大众媒体的宣传引导,也负有不可推卸的责任。

话说回来,你至少知道"异性恋"这个说法。仔细想想,异性恋的规则,将人类的半数都划入"爱的禁区",也太剥夺自由了吧! 喜欢上与自己同性的人,称作"同性恋";而不分男女,皆有可能成为心动对象,属于"双性恋"。大众是不会给习以为常、司空见惯的东西特别赋名的,唯有对非常规的、出格的事物,才会开天辟地给它发明一个叫法。"同性恋"这个称谓诞生后,"异性恋"这个与之相反的词才随之出现。于是,当其他女生问起"你男朋友如何如何"的时候,你才有办法回她一句:"这么说,你是异性恋咯?"过去,同性恋者总被人盘问:"你为啥喜欢同性?"下次,你也可以试着问问异性恋人士:"你为啥(喜欢男人)?"恐怕没有谁答得上来吧?假如他们只会告诉你"人类天生如此啊!""喜欢异性天经地义啊!"那就说明,他们压根找不到依据。

同理,你估计也答不出自己为何会喜欢女性吧?同性恋也好,异性恋也罢,爱上的只是具体的"那个人"而已,并非全体男性或女性。"爱"这种情感,虽然说不清道不明,却强大到足以征服你的身体与心灵。坦诚地听随感情指引,有时恰好喜欢上了一位同性,对待这个事实,丝毫没必要加以否定,也用不着讳莫如深、遮遮掩掩。毕竟,"爱"这种情感,会丰富我们的人生。

你知道 LGBTQ 这个缩略语吗?几个字母分别是 Lesbian(女同性恋)、Gay(男同性恋)、Bisexual(双性恋)、Transgender(跨性别者:双性人、变性人、易装者等)、Questioning(不确定人群)的简称。人们逐步意识到,世上居然存在这么多无法用"异性恋规范"收编的群体。只因不断有人站出来自报姓名,向全世界宣布:"我(们)在这里!"于是,原本被视为"少数派"的人群,才逐渐"化无形为可见",出现在公众视野。许多 LGBTQ 人士升入大学以后,还组建了社团、活动小组与公社。每年四、五月间,他们都会联合其应援组织(名为"Ally",意为"伙伴"),举办名为"东京彩虹骄傲"(Tokyo Rainbow Pride)的盛大巡游活动。对于自身的性取向,他们终于不必再藏着掖着了。在网上随便检索一下,会发现全日本各地都有类似的活动,你何不去实地体验一把呢?届时你将会感叹:"啊,原来我并非孤独一人,我才没有不正常呢!"最近,日本出台了变更户籍性别登记的《性别再指定特例法》;某些观念进步的基层政府,也施行了赋予同性恋者等同于婚姻待遇的《伴侣条例》。时代车轮滚滚向前,势不可挡。

★ 8. 这算一种反向歧视吗?

Q31. 我每天乘坐电车上下班。铁道公司设置的"女士专用车厢",算是一种针对男性的反向歧视吗?

A31. 这种论调挺常见呢。所谓"针对男性的反向歧视",应该不是你自己想出来的说法吧?有谁这么告诉你的吗?那人估计是位男性吧。说这话的理由是"男人为了挤满员电车难受得要死,女人却舒舒服服待在专用车厢里"?哪儿啊,才没这回事呢。我也在首都圈的高峰时段坐过电车,即便是女士专用车厢,也人满为患,挤得瓷瓷实实。

本来嘛,你想想看,为什么世上会诞生"女士专用车厢"这种东西?导致这一结果的根本因素,在于男性。正因为总有男人在高峰期的电车内趁机咸猪手,做出各种痴汉①行为,女性为了自我保护,才产生了乘坐"专用车厢"的需求。男人们若是不服气,吵吵什么"反向歧视"的话,那就让全体男性立下保证:"我决不会染指痴汉行为!"对方若是辩驳:"别的男人怎么样我管不着,老子决不会干那种事!"就请他别把怒气撒在女性头上,去找那些痴汉兴师问罪好啦。毕竟,害他被"反向歧视"、连累他跟着挨骂的,是那些和"老子"同性的缺德猪队友。他大可去跟痴汉理论:"都怪你们这些男人中的败类,害得老子也蒙受白眼,不得不应付各种麻烦。"此外,在满员电车

---

① 日语中的"痴汉"是日本男性骚扰者的代名词。

内,若是发现了痴汉,或听到女性的呼救,也请他千万不要置身事外,而是介入其中大声喝止:"混蛋,给老子住手!"要知道,男人的敌人是男人。正是对痴汉行为听之任之,才使得男性整体的名声江河日下。

★ 9. 被痴汉骚扰,怪我咯?

Q32. 我在上下学的途中常会遭遇痴汉,试着向妈妈和学校的老师倾诉,却被指责说:"你自己也有问题。"难道说,被骚扰应该怪我咯?

A32. 啊啊,都什么年月了,老师、家长怎么还是这一套说辞?意思是,只要自身没有疏失,就不会被痴汉欺负?

在过去,遭遇痴汉的女性很难开口把经历讲述出来。当然,进行猥亵的男性也不会主动坦白自己的所作所为,大家都对痴汉现象究竟是什么性质没有清晰的了解。近年来,针对痴汉的相关研究在日积月累下,终于弄清了不少真相。

其中之一便是,不管受害者自身是否存在所谓"疏失",每一位女性皆有遭遇痴汉的可能。甚至不妨断言,首都圈内每日乘坐电车上下学的女生中,几乎找不出一个"从未经历过痴汉骚扰"的人。

此外,"凡是痴汉,多为惯犯"这一点也得到了证实。根据二〇一五年度《犯罪白书》公布的数字,痴汉的再犯率高达44.7%!类似一种"不这么干就不舒服"的性成瘾症状。并且研究也指出,痴汉并不觉得自己干下了什么了不得的犯罪行为,在他们眼中,女性不过是可以拿来一用的"性工具"。

女性想要通过加强防范,避免自身沦为痴汉行为的受害者,压根办不到。在高峰时段坐一次电车就知道,和陌生人前胸贴后背、屁股怼屁股的状态下,对痴汉伸出的咸猪手或靠近前来的性器,实在防不胜防。同样,在相对比较空的车厢内,痴汉行为依然猖狂。明明空座位多得是,却偏偏紧贴女性坐到旁边,在膝头摊开一份报纸;要么手握吊环,站在女性正对面,掏出裤裆里的玩意儿。这类导致精神萎靡、形容猥琐的变态行为(没错,这叫作"变态"哦!),统统是病态的"性瘾症"。因此,女性遇到痴汉不必默默忍耐。再没有比这更恶心、更不快的体验了!

长期以来,社会大众普遍认为,遭遇痴汉是理所当然,要怪就怪受害者女性自身存在疏失。所以,我至今无法忘记一九九〇年代,在东京的地铁里看到

"痴汉即犯罪"的宣传海报时那种感激的心情。痴汉行为,是一种性犯罪。对于性犯罪,政府理应尽力惩治。

为了剿灭痴汉,必须具备两个条件:第一,受害者勇于发声呼救;第二,周围的人绝不坐视不理。这样做,无疑要承受巨大的风险。当受害者女性喊出"他是痴汉!"的一刻,反而可能遭到对方的报复,纵使大声呼救,周围的乘客也可能袖手旁观,从而使自身陷于孤立……假如置身现场的每个人都能抱着"痴汉不可恕"的态度,该有多好。或者,像我在 Q31 的回答中例举的那样,同一趟车的男乘客能够挺身喝止"混蛋! 你在搞什么!"并将痴汉当场制伏,该有多好。最近,一些勇气可嘉的女性会揪住痴汉的咸猪手,在下一个站点下车,找到铁路警卫员或站务员求助,大家合力将罪犯通报警局。不过,要求一名十几岁的少女拿出这份勇气,未免过于苛刻。

不幸遇到痴汉,心中必然气愤作呕。此时,朋友或大人听了受害者的遭遇,该如何反应才好呢? 类似来信者的妈妈和老师那样,责备说"你自己也有问题",是最差劲的做法。我认识的一位女性曾说,中学时代,她把自己遭受骚扰的经历告诉了老师,可对方压根不予理会,于是她在心里暗暗发誓,从今以后再也不会相信老师了。这是当然的吧？此时此刻，受害者需要的是听者的共情，渴望亲友与她一同愤怒，"当时很恶心吧？""痴汉去死啦！"只有这样，她才会感到"错不在我""我只是受害者"。本来嘛，事实明明如此。受害者是无辜的，错的是施害者。

我这样说，马上会有人搬出"痴汉冤罪论"加以反驳。因诬告而蒙冤，导致"这辈子就完了"的男性，罕见地有那么几例。然而更为普遍的，是大量施害者被不加追究、不予惩罚地放任自流。一些男性杂志甚至会刊登"哪条电车路线更容易得手"之类荒唐、煽动性的文章。这个国家，对待痴汉的纵容态度蔓延成风，以致用"痴汉文化"来概括也不为过。当然，诬告、冤案应当杜绝。但导致冤案存在的，不是女性。并非女性开口呼救，便会自动将对方定罪为痴汉。造成冤案的，是草率的犯罪调查和武断的执法。将警方与司法机构的责任与过失转嫁到女性头上，完全是跑偏方向。

有功夫高唱"痴汉冤罪论"，不如把批判的矛头对准这个国家"将所有男性一概视为潜在痴汉，从而导致冤案发生"的痴汉文化。同时也别忘了，造就痴汉文化的，也是男性自身。

★ 10. 只有 JK 才能打这份工？

> **Q33.** 在号称"御宅族圣地"的秋叶原街头逛逛，就被牛郎打扮的帅哥搭讪了："小姐，你是女高中生？"我也没多想，随口答："对啊。"对方便开始劝诱："想不想打工？"还向我解释："只要陪男人散散步，就有好多钱赚哟。"听他讲"只有身为 JK①才能打这份工"，我有点心动。不过他交待我"要对家长和学校保密啊"，我又烦恼起来。作为一名宅女，平时收藏漫画、游戏、手办之类的，也挺花银子的。如今有一份工，过了这村就没这店不说，且只有身为 JK 的我才有资格打。我如果答应的话，会不会不太好呢？

A33. 嗯嗯，好恶心。

其实从稍早之前起，只要穿泡泡袜的女学生在涩谷、池袋街头走一走，就会有老男人上来搭讪：

---

① JK：日文中"女高中生"的简称。通常女高中生的形象多是白色衬衫或水手服，配以百褶裙、领花及不同颜色的棉外套。由于年龄介于未成年至成人的阶段，因此不少电子游戏、影视作品，乃至色情片业者选择以此作为题材。

"喂,什么价?"你恐怕会吃惊:"呃,原来我的身体还能卖钱?"没错,对某些老男人来说就是这样。同时也存在将女性作为提供"性服务"的商品,而进行买卖的市场。投身这样的市场(即风俗行业),法律上是有年龄限制的,必须年满十八岁。因此,女高中生"禁止入内"。也正由于是"吃不到的禁果",才有一些变态老男人格外"馋"女高中生。比起成熟女性,纯情稚嫩的少女更具吸引力。为什么呢? 因为不会和其他男人产生比较。对如何赚钱、花钱还懵懵懂懂的十几岁小女生,更令他们满意,只要花点小钱请一顿饭,或送点小礼物,女孩就会兴高采烈,到手的成本十分低廉。女孩如果身穿制服的话,就更称心如意了,"清纯幼女,勿扰!"的禁忌感,简直令这帮老男人欲罢不能……啊啊,我光是这么写着,就恶心得要命!

所谓的"JK 产业",便以这帮老男人为目标客群,是由男人主导,为男人服务的一门生意。女高中生只是需要支付少许打工酬劳的"性商品"。由于收入比普通的短期工、临时工要高,很容易脑子一热便跳进去。更由于未满十八岁,皮条客绝对不会告诉你"这份工是从事性服务哦"。万一你以为"只是散散步嘛"而涉足进去,到时候远不是单单散步就能收场。"握握小手可以吗?""摸摸胸可以吗?""脱掉内裤可以吗?"客户的要求必然会逐步升级。从业者正是看准了这一点,才会搞这门油水肥厚的生意。之所以"要对家长和学校保密",只因这本身就是不可告人的勾当。

你知道皮条客用什么伎俩说服女人去做 AV 女优吗?只要长相可爱的女子走在涩谷、新宿的街头,就会有帅哥上前打招呼,"鄙人在模特经纪公司任职,小姐是否有意入行当模特?以你的条件,肯定走红哦。""我司正在物色写真偶像,你的形象气质跟我的理想型十分契合。"听了这套花言巧语,女孩恐怕一不留神便会入坑吧?自尊心也会获得某种满足。于是,皮条客就凭着这套花招,先降低门槛,诓骗女孩在合约书上签字,再把她带往拍摄现场。谁知女孩到了地方一看,"咦?情况怎么会是这样?"此时再想拒绝,对方就会威胁,"合同上明明写好的嘛,不乐意干,那你赔偿违约金好了。"如此受害的女性数不胜数。所以啊,对那些天上掉馅饼的"赚大钱的美差",你最好保持一点警惕。

的确,JK 身上具备商业价值。并且,这种商业价值还是"季节限定"的。所以不少女孩难免认为,"既然如此,我拿自己的身体交换利益,有什么问题?"可是,不知她们想过没有,自己在 JK 产业中所能遇到的都是怎样的男性？是对素未谋面的陌生JK，仅仅因为她有一层"女高中生"的身份便欲火难耐，不惜掏腰包玩弄的老男人。估计他们个个都有家室，甚至有女儿吧。说不定，他们的女儿和你年龄恰好相仿呢。假如你的父亲也对其他小女生干出这种事，你会是什么感受呢？

非盈利社团法人 Colabo（http://colabo-official.net）专门为都市中流离失所的年轻女性提供安心、安全的居所及食物。该机构的法人代表里，有一位仁藤梦乃女士。年轻女孩之所以流落街头，深夜不归，是因为有回不去的苦衷。家里要么有个对她拳打脚踢的父亲，要么有母亲的虐待等着她。只是在社交平台上随便发句牢骚："今晚没地儿住了……"立马就有一堆男的发来邀请："我家给你住！"这就是俗话说的"地狱里遇见菩萨——绝处逢生"吧？于是，前来勾搭的男性，往往被落难的女孩称呼为"神"。这个"神"当起来可真容易。可惜，"神"的肚子里打的却是坏主意。尽管如此，无家可归的女孩们依然稀里糊涂，投奔至"男神"的身边（也不知为啥，"神"净是些男人）。接下来，由于得到"男神"的收留，便不得不设法"报答"，接受对方陪睡的要求。而对这样的女孩，仁藤女士在她们置身险境前便伸出了援手，叫停道："等一等！到我这里来！"

以仁藤为代表的公益人士，把女孩流落街头的诸种遭遇和体验搜集、整理起来，举办了一场展览《被"买下"的我们》。某些男观众看了展览后，甚至恼羞成怒："不是你自己乐意跟男人走的？自己的决定，后果自负。"那些"男神"，不过是给走投无路的女孩买了碗拉面当宵夜，收留她在家里睡了一宿（期间狠狠干了通想干的事），第二天早晨，兴许是有一丝内疚吧，给她几个零花的小钱打发一下……到头来，对女孩来说，却和提供等价的性服务毫无区别。女孩难免会感到，"难道我们就这样被区区几两碎银给'贱卖'了？"这些女孩中，有人为了生存下去，恐怕还掌握了一套讨价还价的技巧，"横竖要卖，不如卖个上算的价钱"。但是要知道，一开始给这些女孩定价，来打听"喂，什么价？"的，是那些老男人。利用年轻女孩落难的窘迫，趁机满足自己性欲的人，肯定是猥琐男无疑。

你若抱着"恶心归恶心，只是陪睡、陪散步的话，倒也还能忍受，至少有钱可赚……"的心态，接下来行为可能步步升级，弄得泥足深陷。这样于你而言，又能捞到什么好处？

确实，干这行也许能赚到几沓票子。可惜，那是强忍作呕的冲动换来的。面对这样一帮男性，你能从中学到的，岂非净是负面的东西？比如"男人特别贱""男人本就这么卑劣""男人个个脏透了"。而自己，却被这种下流男人用钱买来当作玩物，你是否会陷入自我嫌恶？到头来，会不会再也无法尊重自己？

不仅限于 JK 产业，凡是和不尊重你的对象打交道，都会让你丧失内心的尊严。假如为了挣到普通高中生难以到手的一点卖身钱，便拿"失去尊严"作为等价交换，你不觉得这份代价太沉重了吗？

秋叶原号称"御宅族圣地"，也有不少宅女流连忘返。想要的好玩东西满坑满谷，纵有再多钱也不够花。还是尽量培养一些与自己的经济能力相匹配的兴趣爱好吧。感到"不满足"的部分，不妨靠自己花心思和工夫来补足。

人生当中，凡是将来无法自豪地回首，给自己点赞说"当年我曾付出过那么多努力！"的体验，我认为都不值得经历。

★ 11. 辞职？不辞职？

Q34. 姐姐身为社会人，曾经宣布："我一结婚就辞职。"为此，她特意挑了一家方便努力的好公司。

而另一边,哥哥择偶的态度却是:"要找个能和自己一起打拼的女人。"对此,我一方面觉得,反正一个人一种活法,各有各的选择,同时身为家里最小的孩子,我又希望自己能选一条要么"更有赚头",要么"轻松省心"的道路。上野老师,究竟哪条路更好呢?

A34. 啥啥?明明选了一家"方便努力的好公司",你姐姐干吗还要辞职呢?我没搞懂。她口中的"好公司",不是女性有机会持续获得职业发展的公司,难道是方便给将来物色老公的"好公司"??换句话说,好公司里有"好男人",把好男人设法弄到手,就麻利地拍屁股走人???

这么说来,你姐姐起初进行求职活动,根本不是以工作为目标嘛。她瞄准的,是结婚这份"永久职位",并非为了"求职",而是为了"相亲",才选了如今这家公司?她的人生理想,老话叫"昭和妻"。昭和年代(比平成更早的时代)里,这是女性最普遍的人生方式。可现在,早就今非昔比了嘛。请读一读我在Q10中的回答。

"昭和妻"的实现,是必须具备时代条件的。

第一，离婚率低，结婚是一辈子的承诺。可惜，所谓的"永久职位"，早就不是终身制啦。婚姻变得越来越不稳定，如今可是每三对夫妇，就有一对离婚的时代。离异的理由五花八门，有的是家暴，有的是夫妻双方外遇、劈腿，有的是丧偶式持家和育儿，有的是照顾老人的负担太沉重。人生如此漫长，结婚早已不是"上岸""修成正果"，公主与王子再也做不到"从此幸福地生活在一起"。

第二，"好公司"的稳定性也越来越低。在昭和年代，就业又称作"就社"，一旦加入某公司，就能一直干到退休。每次，我的研究小组里哪位学生报告说拿到了工作的录用通知，我总要故意泼点冷水："恭喜你！不过，谁知道这家公司能不能活到你退休那一天呢。"在这个瞬息万变的时代，此刻尚存的名牌企业能经营到何年何月，谁也预料不到。事实上，昭和年代的大企业进入平成后纷纷倒闭的惨状，我们这代人可谓已司空见惯。更何况，人活的年岁越来越久。企业也是有生命的。大致来讲，企业的寿命皆短于人的寿命。

如此一来，你姐姐的选择可谓风险极大。

在这一点上，可以说，你的哥哥比姐姐对现实知之更深。在这个未来变幻莫测的时代，有个能够共担风险的伙伴才是最优选。"要找个能和自己一起打拼的女人",哥哥的选择十分现实。唯有如此,每逢失业、跳槽,或生病、遭遇事故时,伴侣双方才能分摊风险,回避损失。那么,反过来说,你哥哥是否在"一起打拼"的同时,做好了"一起承担家务育儿"的思想准备?男性往往有一种心理,既不愿承担责任、独力挑起生计的大梁,又希望对家务、育儿能躲便躲、能逃便逃。如此一来,他心目中的理想对象,就成了"得有工资收入,但赚的绝不能比我多,家务、育儿必须无怨无尤独自包揽"的妻子,如同 Q19 中的那位主妇。可惜啊,妻子的不满必然日积月累,绝不可能"无怨无尤",从不发一句牢骚。

话说回来,你身为家里最小的孩子,一直偷偷从旁观察哥哥姐姐的人生选择,你口中的要么"更有赚头",要么"轻松省心"的道路,又是指什么呢?什么有赚头,什么轻松省心,标准会随时代的转变而不同。姐姐那条路,搁在昭和年代,没准"既有赚头又省心",但在令和年代的今天,恐怕却是风险最高的选择。哥哥那条路,对男人来说"既有赚头又省心",可谓相当合理,但从哥哥未来伴侣的角度,又该怎么衡量呢?

那么,你呢?哥哥的选择风险更小,这是不争的事实。所以,不如先掌握凭自己双手赚钱的本领,然后,再找一个不需你承担"丧偶式家务育儿"的伴侣。再不然,就把对方调教成符合你标准的模样。想要求对方"爱我便珍惜我",首先得找个彼此尊重的伴侣。为此,自身也必须坦诚相见,认认真真与对方相处。结果是,想找一条"既有赚头又省心"的人生路,根本就没这么便宜的好事(笑)。

★ 12. 通往结婚的路,只此一条?

Q35. 与我关系很好的表姐跟人同居了。大家纷纷打听:"是准备结婚么?"可是比起结婚,表姐更想弄清楚双方是不是适合共度一生的伴侣,决定暂且先一起生活试试看。

然而,一堆亲戚却七嘴八舌地吵吵:"怀孕了怎么办? 回头你就成了没人要的残次品!"搞得表姐十分为难。在我看来,通往结婚的路径,或者婚姻的形态,都并非只有一种。这不对吗?

A35. 我从老早以前起,就一直纳闷:日本的同居率怎么总也不见上涨? 简直匪夷所思。性生活是否和谐,不实际检验一下就不会明白;两人对不对脾气,不柴米油盐过过日子,也不会心里有谱。结婚,是人生中最大的一次选择。在我看来,平时连买件衣服都要先试穿才敢掏钱,可结婚这么大的事,居然试也不试便一拥而上,风险也太大了吧?在过去的年代,新婚夫妇必须等到婚礼结束,当晚入了洞房,才能迎来"初夜"。你知道"初夜"这个词吗?它是指一对伴侣首次做爱。万一两人一验货,发现性生活根本不和谐怎么办!又不能当场悔婚。所以有人说,婚姻仿佛一场赌博。把人生最大的选择,押在一场赌博中,太过冒险!押对了,自然皆大欢喜;押错了,只好一辈子将错就错。当然,也可以通过离婚来取消关系,但需要花费巨大的成本和精力。

所以,你表姐的做法才叫明智。

同居,在法律上又叫"事实婚姻"。只是没有提交正式的申请表,但男女双方的共同生活与结婚性质一致。无论开始抑或结束,对双方当事人来说都是重大决定,从中得到的既有收获,亦有伤害。对毅然下定决心选择同居的表姐,你要多多给予祝福。

做爱时,只需注意避免怀孕就行了。也可以预想着某天当父母的可能,带着心理准备去做爱。要么,认定对方是值得与之生儿育女的伴侣,再考虑怀孕大概也不错。哪怕真怀孕了,既可以奉子成婚,开心做父母，也可以选择不结。倘若讨厌强迫某一方变更姓氏、登记户籍的不便，直接提交出生申报，承认孩子与父亲的关系即可。想让孩子随父姓的话，有些情侣会先提交结婚申请表，再完成出生申报，而后办理离婚手续，重新恢复自己的旧姓，来回进行这种操作。总之大家各有各的做法。只要伴侣之间心心相印，有没有一纸婚书，结局都一样。就算是合法夫妻，感情该破裂照样破裂。婚书并不会成为伴侣关系永久性的保证。关于这一点，只需放眼看看周遭，就会有痛切感受。

至于你口中的"大家"和"一堆亲戚"，这帮人估计是从"结婚乃关系一辈子的大事，万一失去白璧之身，就成了有瑕疵的残次品，再也找不到下家"的时代一路走来的。本身"残次品"这种话，就是把女人当买卖的商品来对待的年月里才有的说法。结婚本不是一场把女人"卖个大价钱"的交易。可怜的大妈大婶们，生活在那个旧时代，大概试也没机会随心地试，就好似赌博一样，稀里糊涂结了婚。

在欧洲，许多伴侣即使生了孩子，也会以"事实婚姻"的形式继续保持同居。结果就是，小孩也作为"非婚生子女"而申报户口。你或许会想，"啊？那孩子也太可怜了吧！"真正可怜的是在日本，非婚生子女会遭受各种不公平的对待。而在欧洲，选择事实婚姻的伴侣，与合法婚姻相比，不会感受到任何不便，小孩身为非婚生子女，也不存在任何问题。岂止如此，单亲妈妈还可以享受各种优待政策。反正合法婚姻也得不到什么特别的好处，大家都选择保持事实婚姻。所以，你知道吗？新生儿中非婚生子女的比例，在法国占到 59.7%，瑞典为 54.9%，德国为 35.5%，即便是政策保守的意大利，也达到了 28%。和这些数字比起来，日本非婚生子女的出生率仅有 2.3%，简直微乎其微（OECD Trends Shaping Education 2019）。日本是个合法婚姻更为有利的社会。是将各种政策、条件一概设置得不利于非婚生子，才构筑了这样的社会。并非"孩子太可怜"，而是"社会致使孩子太可怜"。而打造出冷酷不公的社会的，正是那些嘴上高喊"孩子太可怜"的老古董们。

近来，日本的事实婚姻与非婚生子女也慢慢多了起来。事实婚姻本身并非法律上的契约关系，仅靠双方的感情纽带来维系，因此伴侣之间的关系张力比较强，或许会有不能松懈的感觉吧。小孩若是非婚生的话，"成为父亲"这件事，是必须拿出"像个父亲"的种种努力方能获得资格，单凭一个"父亲"的名头，恐怕没那么好当吧？签下一纸婚书后，就放下心来，懒得再花心思和功夫去维护关系的，往往是男性。毕竟，他们会说："钓上钩的鱼，用不着再投饵。"把女性比喻成"上钩的鱼"，也是够冒犯了。

你的表姐行事慎重，不是个欠斟酌的冒失之人。对待下决心选择开创崭新人生的她，也请你守候在旁，时刻为她鼓劲加油哦。

第四章

意图改变社会，可以做些什么？

★ 1. 也有不少女性大臣与议员?

Q36. 为什么在别的国家,女性大臣或政治家总是层出不穷,而在日本却是凤毛麟角呢? 况且在国外,女议员或大臣们怀孕分娩时也允许休产假、育儿假,而在日本,这些制度为何无法推广?

A36. 是啊,这种现象确实不可思议。为什么呢?

日本是奉行民主主义的国家。成为政治家,首先须以候选人身份参加公选,并且当选。议会内阁制的运行基础,就是总理大臣(首相)、大臣等各种官方职位,都需要从国会议员当中选拔任命。那么,欲成为政治家,就必须先当上国会议员。

据众参两院官网颁布的数字,日本国会议员中女性的占比截至二〇二〇年六月,众议院为 9.9%;截至同年七月,参议院为 22.9%;截至同年九月,内阁幕僚里,二十一人中仅有两位女性。而历代总理大臣中，从无一任为女性。在芬兰已经诞生了女总统、女首相。德国、英国、新西兰都曾有过女性担任国家领导人。为何日本的女政治家却少之又少？

成为政治家，首先要当上地方议员，积累经验、巩固地盘、积极参与国政，连任几期之后才有希望晋身内阁……这是最常见的从政路线（当然也有不走寻常路，以黑马姿态闯入国会当上议员的人）。如果权力基层不存在女政治家的"人才储备池"，愈到顶层女性自然愈发稀少。这跟即使呼吁社会多多增设女性管理职位，但若缺少一个具备丰富职业经验的女性人才"资源库"，也不会一下子提升女高管的比例是同样的道理。

有人对顶层女政治家为何短缺作出了解释。原因在于，女性候选人太过稀有。就好比东京大学女生太少是由于报考的女生本来就少，导致合格者也不可能多。缺乏女性从政候选人，选民可投票的选项非常有限，结果是女政治家的人数也上不去……手中握有选票的公民，同时拥有选举权与被选举权。日本女性行使自己选举权的意愿虽高于男性（女性的投票率一向压倒男性），行使被选举权（作为候选人参选的权利）的积极性似乎却很低。

所谓参政权，是自身所属群体的命运，由自己来拍板决定的一种主导权。似乎有许多人明明手握权利，却懒得参与选举。有权利而不行使，这是女性的错吗？将一生奉献给"妇选运动"（倡导赋予女性参政权的运动）的市川房枝女士，对女性获得参政权后也丝毫未曾改变的政治局面失望透顶，临终前，她留下这样一句话：

"别躺在权利上睡大觉。"

二战之前，妇女是没有参政权的。日本战败后不久，立即赋予了女性参政权。一九四六年，战后第一届总选举中，共有三十九名女性议员登上候选台。女人为了终于拿到参政权而欢欣鼓舞。而之后，二〇〇五年有四十五名女性参选，二〇〇九年增加到五十四名，到了最近的二〇一七年，却回落至四十七名。

我们来想想为什么吧。在日本，之所以很难出现女性政治家，理由不一而足。

第一，缘于"先男后女"的"男本位"社会观念。刚刚战败那会儿的女议员之所以后来没有再参加竞选，是因为战后的混乱期结束，男性从战地复员归国，社会重又恢复了旧秩序，女性也回到了原先的位置。

第二，缘于政治家已成为地区、团体的利益代言

人。町内自治会和相关团体推举的候选人清一色皆
为男性。自治会的会长或各组织领导统统是男人，
由他们当中推出来的候选人，自然也很大几率是男
性。参看图 4 即可发现：在与地区关系紧密、休戚
与共的自治会里，一贯延续着"扶持男性"的传统；就
连女性会员占据压倒性多数的 PTA（全称 Parent-
Teacher Association，家长教师联谊会）当中，顶层
管理者也大多是男性。这和"学生会长是男生，副会
长是女生"一个道理。学校正是社会的一幅"缩
略图"。

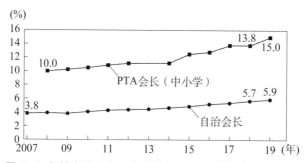

图 4 历年地方政府自治会长及 PTA 会长中女性占比的变化
（参照日本内阁府男女共同参画事务局《男女共同参画白皮书
2019 年度版》绘制）

　　第三，一旦女性提出想要竞争候选人，家庭内部
必然出现"反对势力"，那便是夫家的族人。原因在

于，大家认为女人的职责便是老老实实待在家里干好家务，带好孩子，万一担任了公共职务，可能会疏于照料家庭。不止如此，别看只是地区议员，好歹也算一方名人。从世俗的眼光来看，妻子不可抛头露脸，以致风头压过丈夫，也不可比丈夫的事业成就大。反倒是孩子意外地成了后援团，会鼓励说："只要是妈妈想做的事，我都支持哦。"事实上选举当中，没有"家庭内部势力"阻挠的女性——换言之，"死了老公的寡妇"（这种说法也对女性挺刻薄的）或离异的单亲妈妈——确实有更易出头的倾向。

第四，不止性别，年龄也是一项制约因素。在日本的集团、群体当中，推选领导人的时候有优先提拔最年长男性的惯例。哪怕组织成员皆为女性，领袖往往也是最年长的那位。这属于一种"年功序列"，即论资排辈的年龄阶梯制，是多年遗留下来的影响。考虑到现代人的寿命越来越长，以及高龄者一手遮天的政治局面死气沉沉、难有活泼的新气象，某些政党设置了党内提名候选人的年龄限制。但具体到女性候选人，成功当上政治家的净是人届中年、告别了育儿负担的"老阿姨"，所以恐怕谁也不会去考虑现役的政治家有没有怀孕生子的请假需求。今后，任期当中需要分娩、育儿的女议员估计会渐渐增多吧。

目前,已有几位女议员生了孩子。就在最近,男议员小泉进次郎也因申请短期育儿假,掀起了一波热议。熊本市议会里,某位女议员因把哺乳期的幼儿带入会场,居然遭到了惩戒处分!说实在的,倒是议会方面,今后有必要开设托儿所才对吧。

第五,选举机制一直依赖于"三板斧"(地盘、看板、皮包)运作至今。所谓地盘,是指一些区域支持者团体,以及将代表地方利益的政治组织代代继承下来的政治家与其子。因此,世袭议员渐渐增多。不过身为女性,倘若是著名男性政治家的妻女,也可以继承这些政治资本。至于看板,即为知名度。女性欠缺在公共舞台露面的机会,知名度自然低落。不过,大众媒体的力量不可小觑,有些女性也会积极上电视、做节目,积累了名气与声望之后再投身政坛。而皮包,是指暗地里的金钱运作。过去的年代,甚至存在"黄牛"倒卖选票,"一张选票炒到多少钱"的现象。即使如今,也不乏"花钱买选票"之类的选举腐败案件。因为社会上存在"选举超级花钱"的所谓常识,所以竞选通常总是有钱人的游戏。为了打破这样的困局,总务省颁布了《公职选举法》,规定竞选海报或明信片等宣传物料的制作与发放费用,可以经由公费支出的方式报销掉一部分金额。女性候选人当中,存在地盘、看板、皮包"三无"的条件下,依然成功当选的例子。可以说,选举的方式也在逐年改善吧。

第六,选举机制本身,对女性来说也存在不利因素。日本战后很长一段时期,实行的曾是"中选区制",即同一选区内每次可推出复数名候选人。从一九九六年起,却转而启用"小选区制",将候选人名额限定为每区一人。倘若沿用前者的话,每个选区允许产生不止一位议员,除了票数占据榜首的候选人以外,第二名、第三名也有机会当选。一旦把名额限定为位居榜首的一人,就会出现无论候选人或当选者皆为男性的现象。正如在学校里,"班长为男生,副班长为女生"是常见的组合方式。假如召开每个班允许两名同学参加的全校班长大会,那么成员构成将会是男女各半。反之,若是大会只许班长一人参加,那么便会出现全员皆为男生的局面。目前这种小选区制不仅限制了女性的向上通道,对在野的少数党来说,也产生了显著的不利影响。因为,除了当选者以外,投给其他候选人的公民选票,将全部沦为"死票"。顺便说,上一届(二〇一七年)众议院选举的死票率,占据总得票率的48%。照此下去,公民当然失去了参与选举的动力,不乐意再投票啦。

第七，还有一项女性参选的不利因素，便是"供托金"（选举保证金）制度。候选人假若无法获得一定票数，预存在选举管理委员会的保证金将被全额没收。而保证金的金额，都道府县议会为六十万日元，众议院小选区为三百万日元，参议院比例区①为六百万日元。至于町村议会，据《公职选举法》的修订条例显示，自二〇二〇年十二月起，定为十五万日元。金额相当之高不是吗？能准备出这样一笔巨款的候选人，可谓寥寥无几。倘若能当上党内指定候选人，有时候党派会代为承担这笔费用。但这种情况下，党派往往会把宝押在确实有望当选的成员身上，新崛起、资历浅的女性压根轮不到这类好机会。若问为何存在这种制度，理由是调高参选的门槛，减少兴致来了一拍脑门便报名参选的"竞选泡沫"。

第八，对女性来说更为不利的因素是，假若处于在职状态，一旦当选，就必须辞去工作。议员也称"特殊公务员"，属于基层政府或国家的在编雇员，不可同时受聘于其他雇主。假如候选人是农民或公司法人等个体经营者，不辞职也没什么问题。然而，议

---

① 参议院选举分为小选区和比例代表选区两部分，小选区由选民直接对候选人进行投票，而比例代表选区则是由选民对各政党进行投票，并根据得票多少，按一定比例给各政党分配议席。

员的职位实行任期制,四年后能否继任尚是个未知数,为了参选丢掉手头现有的工作,风险系数实在太大了。个别情况下,也有当上候选人以后才被要求辞职的例子。不过一旦离职,纵使如愿成为候选人,万一落选的话,便无任何后路可走了。

总而言之呢,这一堵墙、那一道坎,成为议员的壁垒似乎有意被设置得高不可攀。在此环境下,女议员迟迟不见增加,倒也不出意料。

致力于提高女性参政者数量的国家都有一项共通的特点,便是在历史的某个节点,导入了平衡候选人男女比例的相关措施。挪威于一九九八年采用了"性别配额制",即无论男女,在国会或企业董事会中的占比皆不可低于 40%。法国于二〇〇〇年立法规定,每个政党推选的候选人,男女数量必须一致。日本也在二〇一八年推出了"候选人男女均等法",正式名称为"关于推进政治领域男女共同参画的法律"。不过,由于未曾设立违规后的惩罚办法,在朝的执政党并不认真遵守。法律不具备强制力的话,女政治家的数量自然很难增长。

那么,该如何是好?

在增加国会议员之前,不先扩充各地议员的人数是无法提升基础水平的。若要促进地方议员增长，又该怎么做？我有个不错的主意：大幅降低从政的门槛即可。比如，在地方议会采取"兼职工作制"，每日五点以后开门办公，将议员的薪酬缩减到与短期工、小时工看齐的水平，使议员的职位成为拥有全职工作的同时，利用业余时间为地区作贡献的志愿者性质。事实上，有些基层政府针对议员的薪酬，已经实行了仅在议会召开之日才计薪的"日给制"。简单来讲，议员不再是地方名人，也不必再鼻孔朝天、作威作福。我确信，假如议员的身份不再有油水可捞，哪怕不刻意设立性别配额制，从结果来看男性也会离场，女性估计将日益增多。为什么呢？那些老谋深算的男政客，对自己无利可图的事情很少愿意"掺和"。况且从竞选手段来说，如今也可多多利用网络，不再扮演地区利益代言人的角色，而是通过线上平台，从理解自己政治愿景的人群那里获得支持。选举也好，议会也罢，都将与时俱进。

政治家的职责，是将市民们解囊缴纳的税款施行再分配，按照轻重缓急的顺序花在真正的刀刃上。什么地方有什么人需要什么，女性往往更清楚。政治或许本身就是一种适合由女性接管的事务。假如能够涌现更多经验丰富的地方人才，有望输送至国会的女政治家也必将脱颖而出。

诸位读者有谁欲对选举及议会了解更多,不妨读一读《最新版:如何成为一名"市民派"议员》(寺町知正、寺町绿合著,WAVE 出版社,二〇一四年版)。

★ 2. 没有我乐意投票的候选人

> **Q37.** 前阵子,参议院举行了一场补选,候选人全部为男性。压根没有我乐意支持的人,所以我没去参加投票。何时才会出现我们乐见的女性参选者呢?

A37. 你的问题与 Q36 其实是一回事呢。为何没有女性候选人崭露头角?我在前问当中的回答,你有好好理解吗?

不过,话说回来,一个女权讨论中常见的议题是:只要对方性别为女,便管她是人是鬼,一切皆无所谓,就要对其照单全收吗?"女人要多多支持女人",你的心情我也理解。但是,即便女权如我,也有乐于为之声援的女性和不愿与之为伍的女性。这也是理所当然的吧?不管男人或女人,都良莠不齐、有好有坏,不可一概而论。只要女性议员的数量不断增多,内部必然鱼龙混杂,各路人马都有。这种趋势将会逐渐显露,始终停留在"少数派"状态的话,则很难分辨。"首位女〇〇"之类的人物,也有很大可能是善讨男上司、男老板欢心的傀儡,常令人诧惑:"她到底在替谁说话?"比如,英国史上"第一位女首相"玛格丽特·撒切尔夫人,英国各界的女权人士对她可谓恶评如潮,因为她对女性与弱势群体实行各种苛政。自从吸取了这番教训,英国女权人士对女性政治领袖已不再抱有太高期待。比起政治家的性别是男是女,更关键在于其人奉行怎样的施政理念,这在判断一位政治家的素养时尤为重要。

不过,欲了解"女人内部也形形色色",先增加女性的从政人数是首要条件。为了实现这一点,还是设立"性别配额制"更为有效呢。

"乐意投票的人"总也不出现,这种情况该怎么办呢?我倒有个好点子。有这种疑问的你,不妨自己努力成为候选人。公民年满二十五岁,就具备资格行使被选举权了。之前,也曾有大学在读研究生当上地方议员的实例。二〇二〇年四月,某位三十多岁的女性便成功当选了德岛市市长。所谓参政权,就是参与社会政治事务的权利。如果感觉"不放心把国家交给你们这帮人来管",那么"索性我自己上吧!"也不失为一个好主意。虽说议员是附带任期限制的，但想必也能获得不少有趣的体验。你何不给自己的未来添加一个"当上政治家！"的选项呢？

★ **3. 女生的求职路，充满了"泄气阀"？**

> **Q38.** 正在搞求职活动的姐姐，每次参加完面试或是做完 OB 访问①回来，总会满肚子气。对方喜欢刨根问底打探她的隐私，什么"你有男朋友吗"，甚至还对她说："下次咱们私底下约吧。"这已经构成性骚扰了不是吗？该怎么应对才好呢？

A38. 这种事真够叫人恼火的。从事就职活动的学生，处在"被挑拣"的弱势立场，于是对方便利用这一点，趁机而上。

没错，你姐姐经历的正是性骚扰。英文有点长，叫作"Sexual Harassment"。

性骚扰，意味着"滥用权力做出使对方感到不悦的、带有性暗示的言语及动作"。这毫无疑问是一种侵犯人权的行为。在面试场合，招聘方与求职方的

---

① OB 访问：面试公司前，找在这家公司工作的、和自己同一所大学毕业的前辈咨询公司的情况。OB 为"Old Bag"的缩写，为"日式英文"。

权力关系并不对等。招聘方是权力的持有者,而这种权力,是在履行招聘业务时伴随的一种"职务之便",它并不属于主持面试的"阿姨"或"老头"(通常老头占据压倒性多数)个人所有。如果面试官越过职务范围滥用职位赋予的权力,对求职生做出性邀约或性接触,便构成了性骚扰。"你打算了解的,难道不是我与贵司的职位是否匹配吗? 我有没有男朋友与这份工作有什么关系? 我有什么义务要和你这种老头子私底下约会呢?"女生此时的愤慨之情,我深表理解。悲哀的是,现实中求职生很难将这份不悦宣之于口。有时甚至错以为,对方提出私下见面,还说"公司的有关情况,到时候我会倾囊相授",大约是对我的善意提携吧? 说不定还能提高录用几率呢? 把对方的邀约误认为"好心关照",实际遭遇的却是包藏着性企图的"满肚子坏水"——例如《黑箱》(Black Box,文艺春秋社,二〇一七年版,中文简体版于二〇一九年发行)的作者伊藤诗织,便将自身遭遇性侵害的经历,借由此书作了详细记录。有人责备她,"和对方私下一对一相处有失检点",但罪恶的难道不是向求职者伸出黑手的糟老头吗? 遇到对方提出"咱们私底下约吧"这种出格的要求,女生千万不要误认为"他只对我破例关照,说明我格外有魅力",以往针对性骚扰施害者的各类研究表明,他们都是前科累累的惯犯。

此时,该怎么办好呢?请向所在大学的"求职辅导课"或咨询窗口、地方劳动监督局以及允许个人加入的地区劳动工会进行投诉。有时,这些机构会对施害者作出行政训导。况且,一旦企业被点名通报,社会声誉也将跌落受损。不过,投诉需要提供相关证据。女生可在面试时暗中录音,或将经过详细记录在纸面上,同时,也须向其他在面试中遭到性骚扰的女性收集证言等。一个人做完全部准备是件相当吃力的事。为此,早稻田大学的女生们于一九八〇年成立了一个援助小组,并收集各种面试性骚扰案例,编写了一本防身指南,名叫《我们的求职手册》。二〇一九年,由东京大学、早稻田大学、庆应义塾大学、上智大学、国际基督教大学(International Christian University)、创价大学的同学们联合创立的反性骚扰团体 SAY(Safe Campus Youth Network)发表了紧急声明,倡议大家共同抵制求职活动中的性侵害行为。

不过呢,把遏制不良现象的任务交给女学生,全靠她们的自我保护来完成,未免太可鄙了。成年世界的罪恶行为,应当由成年人负责惩治。为此,有必要对事实真相进行彻底的调查。你可能会担心，"这样一来，举报人的身份不就泄露了吗？原本有望获得录用的工作，万一泡汤了呢？"可不然呢？你宁愿忍受性骚扰，也要进入这家公司么？自以为息事宁人地入职之后，当初骚扰你的面试官万一成了你的顶头上司呢？届时，你将躲没处躲，藏没处藏。面试环节就有人企图骚扰你，而周围的同事对此却视若无睹，持姑息态度，这样的公司可以用一个词——"性骚扰体质"来形容。能在面试阶段尽早看破它的真面目，没准还是件好事。

也许你会说："人家可是名牌企业呢，薪水也十分可观。"但请你记住，这样的企业，通常都是"爹系体质"。你宁愿败给金字招牌和几两碎银，也要逆来顺受，忍一切不能忍吗？这可会损害你的美丽与健康哦。凡是有职场经验的女性，常说一句话："人生中，再没有比伺候恶心的老板更吐血的事了。"面试并非任由对方挑挑拣拣的单向关系，而是类似"相亲"的双向选择，你也可以从自身角度出发，考察对方是否合格。你不妨这么想：这也算个不错的机会，可以冷眼观察，"哼哼……搞了半天这家公司原来是这副德性啊!"没错，就照我的话，去告诉你姐姐吧。

★ 4. 性别歧视永远存在？

Q39. 姐姐说："直到开始求职之前,我一向觉得世上不存在什么女性歧视。"听了这话,我大吃一惊。我也一直以为,现代社会早就实现男女平等了。如此说来,性别歧视真的能被彻底消灭吗?

A39. 你是否读过我在前问中给出的回答? 性骚扰,便属于一种女性歧视。从求职那一刻起,针对女性的各种不公与区别对待便开始了。一家公司是否属于"性别不公体质",等你入职之后,会立刻有所察觉。

以往之所以浑然不觉,是因为长年待在学校里,对此没有切身感受? 学校不过是个表面看来两性平等的小社会。毕竟考试不分男女,成绩竞争中,分数也没有性别。不过呢,你内心真的认为"学校里面男女平等"吗? 校长先生是男是女? 副校长呢? 小学教师里,女性占据压倒性多数,而随着你升入初中、高中,女教师有没有逐渐减少? 并且 Q1 中也曾提到,学生会长是不是清一色为男生? 莫非你一直读的是女校?

你家情况又怎样呢？妈妈和爸爸地位平等吗？妈妈赚的钱和爸爸一样多吗？爸爸也和妈妈一样，承担家务和育儿劳动吗？亲戚中的阿姨婶婶、叔叔伯伯呢？还有好朋友的父母，夫妻关系平起平坐吗？

……稍微放眼四下，女性面临的不公现状便会进入视线，如同小山一般无法忽略。以往的所有问答，无不在讨论女性遭遇的各种歧视。这样的环境下，想必你很难笃信，即将入职的公司里不存在针对女性的歧视现象。这并不是个直到如今才"大吃一惊"的新鲜事吧？

不过，人的认知毕竟有所局限，不实际经历，很难有真切的体会。如今你姐姐不得不直面女性遭受歧视的现实，恐怕很受打击吧？抬头向上看，找不见女性上司的身影；无论何时，总要咬紧牙关忍受各种辛苦；所做的工作，没有任何值得称羡之处；参加员工联欢会，性骚扰如同家常便饭，周围的人笑眯眯默许，对此不置一词……在这样的公司里，女性就算待一辈子，也看不到自身未来的希望。

如何区分一家公司的优劣呢？我有个方法：看看这家公司里是否有在职十年、二十年、三十年的女性前辈，她们的工作姿态如何，并且是否会成为你自己十年、二十年、三十年后依然乐于追随、效仿的榜样。实际上，你姐姐在求职活动中，本该把这一项作为着重考察的要点。求职期间，有不少企业访问的机会，直接向该企业的女性前辈打听就行。将来你找工作时，就这么做好啦。

该怎样消除女性歧视呢？

嗯嗯，不啻是个难题，肯定做不到一蹴而就。昔日，企业原本是不雇用女员工的，即便开始招收女性，往往也只安排做一些给男职员"打杂"的辅助性事务，甚至存在专门针对女性的"结婚退职制"与"三十岁退休制"。恶劣的时代持续了漫长的岁月，如今，女性也有机会担任综合职位了，女员工不必再被迫端茶倒水了。社会正一点一滴发生改变。因为万千女性不懈地奋斗、争取，逐步改造了现实。大家不断抗议，发起诉讼，与伙伴一起掀起维权运动，制定法律，扭转了身居高位的老古董的陈旧观念。

至于你个人，可以采取的行动有两项。

第一，看清现实，尽可能选择男女平等程度最高的公司与职业。企业当中也存在性别不公泛滥，以致给你姐姐造成莫大打击的公司，和相对健全的公司。有些公司对女性较少歧视，环境利于女性立足发展，你不妨找找看。由政府主办的"女性活跃推进法'可视化'官网"（http://www.gender.go.jp/

policy/suishin_law/index. html）上，便载有此类企业的信息。你姐姐找工作的时候，应该检索一下这方面的信息。另外还有一个办法，是寻找男女差别待遇较少的专业性工作。例如公务员、学校教师等，就不存在薪酬差异。虽说有晋升机会上的不平等现象，但想要升职，学历与资格证书必不可少，你不妨现在就着手查询起来。

第二，在你涉足的领域里，一点点设法改变自己置身的环境。做到这一点虽千辛万苦，但女性先辈们正是如此披荆斩棘，点点滴滴地改造着公司与社会。仅凭你一己之力也许难以实现，但只要找对伙伴，就会增添力量。就算端茶倒水这种事，也是她们不断抗议，"凭什么这种活儿每次都要女人干？""装个即热饮水机，大家自斟自饮不好吗？"这样一次一小步，循序渐进赢来的改变。"女拳"二字听起来似乎怪可怕的，实际一尝试，好多女性会感叹："啊啊，打拳好快乐！"凭自己的努力一步一脚印地改变世界，是项其乐无穷且超有回报感的事业。

啊，最后还有一点：不要总想着进入一家公司工作。给别人打工这种事意味着必须违背自身的意愿，听从别人的吩咐与差遣。而这个"别人"，万一是个爱搞性骚扰的上司，简直倒霉透了。自己独立创

业或者做一名自由职业者,也是不错的选择。若要
实现这一目标,实力和技能缺一不可。哪里可以学
习、掌握这些本领,不妨从现在开始考虑。

正是由于姐姐的经历,你才有足够长的时间提
早进行准备,真的好幸运呢。

★ 5. 该选综合职位,还是行政职位?

Q40. 姐姐是个大学生,今年在搞求职活动。该
选综合职位还是行政职位,她迟迟拿不定主意。前
者大有可为,也更有成就感,可惜估计累得要命,也
不知会被派到哪个地方去。之前姐姐寻思,如果能
做地域限定职员或许也不错,摩拳擦掌要当个能干
的职业女性。而最近,兴许是认清现实了吧,她开
始考虑要不要选择一般行政职位。请问,后者果真
更明智吗?

A40. 让上大学的姐姐举棋不定的综合职位与
行政职位,你知道这两项选择一开始是怎么来的吗?
是由一九八五年出台的《男女雇用机会均等法》而
来。自该年度起,企业雇用中对男女的区别对待,尤
其是招聘、录用时的性别歧视,受到了政府的明令禁

止。在此之前，"仅限男性"之类的招聘广告，堂而皇之地大行其道！在我学生时代，跑去学生部的招募栏一看，整排整排的"仅限男生""仅限男生""仅限男生"……偶尔可见一张"诚征若干女生"的启事零星乱入其中。从一开始，女性就被排除了应征资格，连选拔考试都不准参加，彻底被剥夺了挑战的机会。而这种不公对待，终于（从明面上）被禁止了。

过去，企业从未录用过女大学生，甚至连"怎么用才好"也缺乏概念。毕竟，组织内部本就埋藏着根深蒂固的"性别序列"，女员工的职责从最初起，就被定性为"从事辅助工作"。于是，形成了男职员本科毕业，女职员短大或高中毕业的"学历序列"。那是个女性到了一定年龄若不离职，企业就会发愁的时代。

经年累月形成的组织体制与惯例，一时半会很难改变。该怎样把女大学生安排到企业里来，经营者可谓绞尽脑汁。结果是，制定了一套分别将之纳入"综合业务职位"与"一般行政职位"的人事管理制度。综合业务职位与男员工一贯享受的职业路线相同，有资格升任管理职；一般行政职位则与历来的女员工（俗称 OL，即 Office Lady 或 BG，即 Business Girl）一样，仅从事辅助性工作。英语里，综合职位为 Career Track；行政职位为 Non-Career Track。有资格被称作"职业女性"的，只有综合岗的女员工，而一般行政岗是积累不到职业资历的。从录用之初起，便划好泾渭分明的两条赛道，尽管招聘环节没有针对男女分设门槛，但最终配置是：综合职位上几乎全员为男性，仅有零星几名女性；而一般行政职位，则统一皆为女性。当然，这也符合企业的预期。两类职位的薪酬是存在差异的。这种差异假如是基于性别产生的，将被谴责为性别歧视，但由于是职位区分所造成，便顺理成章有了解释。在招聘阶段选择职位属性的，是应聘者本人。"自己决定，后果自负"，企业得以装起无辜。过去企业内部潜在的男女序列被移花接木，替换到了综合职位与行政职位的序列当中，借此巧妙避开了"性别"这个敏感词。几乎所有大型企业，在《男女雇用机会均等法》实行之初便导入了区分职位门类的人事管理制度，将均等法的影响尽可能"大事化小"，成功逃脱了法律的制约。太滑头了！狡诈透顶！这些经营者个个都是不好对付的老狐狸。据二〇一六年度"雇用均等基本调查"显示，雇员超过五千人的大型企业中，50.5%都采用了这套人事制度。

均等法推出以后，仅出现了极为少数的综合岗女性。企业忐忑地试用之后，却发现她们在工作上积极热情、能力过硬。这是肯定啦。她们无不是抱着要与男人并驾齐驱的心态才主动应征综合岗的。过去，女性一直被鄙薄为"缺乏领导力"，其实只是没有被赋予发挥领导力的空间。能力的养成，往往由身处的位置所决定。"一试之下发现女员工也挺好用"，学习到这一点的企业，随后便开始徐徐扩大综合岗女性的招收名额。均等法实施后就业的女性，被称为"后均"或"后均等法世代"。目前，距离"后均一期生"步入职场已过去了三十五年，女性管理者与女董事从中层出不穷，薪资水平毫不逊于男性。她们都是职业女性的领军先锋。

不过，这些女性是否拥有幸福感呢？经过三十五年的验证，也逐渐有了答案。难得找到可以施展拳脚的公司，难得到手一份好工作，综合岗女性的离职率却居高不下。她们以不输男性的高强度卖命工作，也和男性一样出现"过劳死"事件；孩子出生后，难以平衡事业与育儿，丈夫也大多是职场精英，无法指望对方帮手带孩子。生育之后依然能继续工作的职业女性，背后往往有长辈（孩子祖母、外祖母）提供强大的育儿支持。付出巨大的个人牺牲不懈打拼下来，她们会发现，与同期入职的男性比起来，公司给予的回报压根不成正比。目睹公司前辈勉力维系的惨淡模样,随后入职的女性员工很难不萌生退缩之意,"这谁应付得来啊!"换言之,职场前辈沦为反面教材,使后来者感到,"我才不愿为了事业,逼自己受这么大的罪呢!"

你的姐姐大约是"后均等法第三代"求职女性。第一代在职场上屡屡受挫,被视作熊猫一样的"稀有动物"。第二代是经由不懈努力在综合岗上存活下来的世代。到了第三代,女性参加工作已属稀松平常,但她们开始掂量,"反正总得谋个差事,不如挑个轻松点的职位"。比起综合岗,一般行政岗的责任与负担相对较轻,或许干起来会更得心应手。事实上数据显示,相较于前者,女性在后者的位置上工作年数更久。你姐姐的选择,或许更符合现实。

不过呢,我还要再啰嗦一遍:选择一般行政岗,无论是女性自身抑或企业,都所失甚多。行政岗自始至终从事的都是辅助工作,别管职场资格有多老,也接触不到富有挑战性的业务。何况还得眼巴巴看着比自己晚入职的综合岗男性后辈从职衔到薪水都一步步赶超上来,把自己甩在后面。就算不服气,"当初这小子刚入职那会儿,还是我指导他的呢",也无济于事。况且,行政岗的工作大多是固定项目,内容一成不变,近些年企业倾向于限制行政岗的正式雇用,以签订短期合同的派遣员工来取代。于是,行政岗反倒变成了一道"窄门"。公司里一旦来了优秀的派遣员工,能力上便会形成比较,众人将议论纷纷:"瞧她,还是正式员工呢,还不如派遣能干!"在公司里待的年份越久,大家越是会用"这人怎么还不离职?"的眼光打量她,上面也不会给予她晋升的机会。

同时,企业这边也有损失。对那些在行政岗安于现状的女员工,无法激发出她们的潜能。只要有机会,她们也许将发挥出更大的能力与积极性。无论男女,当一个人立于起跑线时,很难估量将来他或她能够跑多远。能力是赋予其人机会后发展起来的,与学历和性别一概无关。你不觉得吗?仅凭入职时选择的职位属于行政岗还是综合岗,便决定员工今后整个生涯的职业道路,无论对其本人还是对企业,都不啻为一种损失。最近,某些人力资源管理者似乎已经意识到,这套固有的人事制度在"人尽其用"方面是失败的,遂导入了从行政岗调任综合岗的"职位转换制度",适用对象仅限获得公司或上司高度评价的员工,比如"这个人能派大用场",门槛相当之高。与此同时,也有一些女性认为,这套刻意区分职种的人事制度本质属于性别不公，而将公司告上法庭并胜诉。

行政岗问题多多，综合岗也辛苦重重。总之，打工人就像把命卖给了公司，无法随心挑选职种，被一纸调令任意差遣。万一被调岗至遥远的异地，则将面临亲人离散、单身赴任、妻子丧偶式育儿、实质等同于单亲妈妈，家庭崩坏等一系列危机。某些员工希望选择不发生工作调动的职种，于是，近年来诞生了"地域限定正式职员"的人事制度。别以为"这不挺好嘛"，光是不愿接受调动，不止薪水会被压低，升迁的机会也将受到限制。企业在"如何以更低廉的成本最大限度地使用员工"这个问题上，可谓绞尽脑汁，用遍了种种招数。员工纵使不甘心，也只能乖乖接受摆布。

你的姐姐眼下仍在犹豫不决？二十岁的大好年华，不要过早把自己的目标设置得太不起眼。挑战一下试试，搞不定的话，再考虑换跑道不迟。尽量选择能使自身获得成长的工作吧！技不压身，无论去到哪里，掌握的本领总能派上用场。遇到不公平的对待，就奋起反抗吧。如鱼得水的职场、通情达理的上司，还有女性的权利并不会从天而降。都是每一位当事人奋力争取来的。

展开求职活动之前,先学习一下《男女雇用机会均等法》或《劳动基准法》,把守护自己的武器佩挂在身。厚生劳动省主办的"女性活跃推进法'可视化'官网",公布了"有利于女性发展的用人单位"列表,请务必认真检索,了解一下企业信息。职场确实离不开女性,也确实正一点一滴,向着利于女性立足、发展的方向,徐徐转变。

★ 6. 正规雇员与非正规雇员的区别

Q41. 我妈妈上班的公司,听说就算工作性质、内容一致,正式员工和非正式员工的薪水也能相差将近一倍。明明干的活差不多,两者的待遇为什么这样悬殊呢?真令人费解。

A41. 说得也是啊。不知从何时起,各家公司除了正式员工以外,也增添了不少非正式员工。日语当中"正社员"①这个词,本身就莫名其妙,仿佛还有"不正社员"②似的。过去,最多只有"社员"和"临时

---

① 正社员:指正式职员、正规雇员。
② 日语中"不正"一词,有不正当、不正确、不道德、扭曲、邪恶、舞弊等意。

工"两个类别,"社员"内部并不作区分。近来由于"非社员"的比例逐渐增多,才不得不刻意强调起"正社员"来。

这样的划分还有另一种称呼,叫作"正规雇员"与"非正规雇员"。正规雇员指的是依照《劳动基准法》与公司、企业签订了正式雇用合同,按照法律规定的工时(原则为每周四十小时)领取相应金额的薪酬,并由公司代为缴纳社保的劳动者。非正规雇员则是不属于上述情况的小时工、短期工、合同工、试用工、派遣员工等,种类五花八门。

在如今的职场上,哪怕桌挨桌并排办公,同事间也要不厌其烦地彼此确认,"你是正社员吗?""你呢?"单凭外表是区分不出来的。别看工作内容相差无几,薪水却大大不同!就算非正规雇员的业务能力比正社员优秀,也改变不了待遇方面的落差。有时,正社员为了刁难非正规雇员,甚至会在工作中划出一道泾渭分明的界线,剥夺对方接触重要业务的机会;反之,有时也会故意把责任重大的担子推给非正规雇员,让对方拿着极低的薪资待遇,完成繁重的工作。

企业为何要这么做呢?很简单,为了压低人员经费支出。雇用正式工,除了支付薪水以外还得负责发奖金、缴社保，每个月都要承担一定的人力成本。然而，市场的景气水平是上下波动的，既有繁忙期，也有低迷期。庞大的人员储备会花费相应的巨大成本。于是，招募和解聘相对更为自由的短期合同工，即非正规雇员，在企业中越来越常见。

是从何时演变成这种局面的呢？一九九〇年代，日本经济景气下滑，企业为了裁掉正社员阻力重重，遂考虑招聘新员工时采取谨慎态度，尝试录用薪水低廉、即用即抛的非正规雇员。想出这个歪点子的，正是一群把控企业经营权的高层老狐狸。而为此举开门放行的，则是一九八五年政府推出的《劳动者派遣事业法》（现称《确保劳动者派遣事业正当运营及保护派遣劳动者等相关法律》）。同年，《男女雇用机会均等法》也正式出台。于是，从该年起，与雇用相关的规则与制约开始逐步放宽。不过，那个年代日本的经济热度仍未冷却。景气落入冰河期，是从一九九一年泡沫破灭开始的。非正规雇员真正开始大幅增多，也是那一年之后的事。

非正规雇员中，以女性占据压倒性多数（与职种相关）。据二〇一九年总务省实施的劳动调查显示，全国所有劳动者中，非正规雇员的比例为 38.3%；而全体非正规雇员中，68.1% 皆为女性；全体女性劳动者中有 56%，即十人当中有六人是非正规雇员。只有制造业、汽车产业等领域，男性非正规雇员多于女性。市况凋零、景气萧条的年份，因被企业解约而失业的男性纷纷流离失所，大量聚集在"跨年派遣村"①的那幅景象，恐怕你还记忆犹新吧？每到经济不景气的时候，首当其冲被裁员的，总是非正规雇员，这一点男女皆同。但流落街头的话，女性的处境更加危险，所以哪怕终日如履薄冰忍受着家暴，也不得已要缩在家里。企业经营者甚至认为，女性即使遭到解雇也有地方可去，妻子待在婆家，女儿待在娘家，所以炒起鱿鱼更方便，也更少被抗议。制造业中，非正规雇员多数是日籍巴西人，他们一旦合同终止，就会被遣返回母国。因此，景气一旦衰退，女性与外国人等弱势群体，将最先受到波及。

派遣员工与企业签订的用工合同是有期限的。最近，三个月或半年的短期雇用越来越多。合同到期后能否顺利续约，通常没什么保证。女性万一告

---

① 此处指的是 2008 年全球雷曼危机时，大量派遣员工因企业解约而失业，生活陷入困顿，交不起房租被逐出公寓，成为流浪者。日本公益组织与劳动工会于 2008 年 12 月 31 日至 2009 年 1 月 5 日，在东京日比谷公园开设了名为"跨年派遣村"的收容所，帮助贫困者度过新年。

知公司自己怀了孕，会被立即终止合约。雇主绝不会拿怀孕作为解聘的理由，此时若逢合同临期，雇员压根无从抗议。哪怕实质上属于"孕妇歧视"（Maternity Harassment，针对怀孕、分娩、育儿期女性，以降薪、解职、边缘化等手段，逼迫其离职的骚扰行为），也抓不到"歧视"的把柄。算计得真是滴水不漏呢。不过，假设该员工手头的工作无论如何需要有人承担，而雇用方判断此人能力出色，希望她继续留任，二〇一五年《派遣事业法》通过修订，规定在同一家公司连续服勤三年的派遣劳动者，只要其本人提出意愿，即有权利获得转正。你是不是觉得"这很好哇"？实际上，许多女性团体反对本次修订，因为它不是"改善"，而是"改恶"。你会问："呃，为什么呀？"我来解释一下。因为可以预见，这样的规定一经出台，多数企业会将合约期限截止在三年以内，绝不给派遣员工在同一职场连续服勤三年以上的机会。事实也确乎不出大家所料。原本在同一公司连干五年乃至十年，积累了丰富经验，也对业务驾轻就熟，十分受器重的骨干员工从此却再难获得续约的机会。取而代之的，是企业每三年来一次大换血、签一拨新合同工，确保人员处于流动状态。这种做法，对企业自身岂不也是一种损失？没错，确实如此。

但损失归损失，比起给资深派遣员工转正，还是三年一换、交替使用的成本更低更划算。企业宁可多少忍受一些不便，也要把合同期限设定为三年，为了压缩人力成本，已到了不择手段的地步？是的，没错。日本企业在景气低迷的大环境下，已彻底丧失了雇用方面的余力。

每三年换一次公司的过程中，派遣员工的年龄也逐日增长。年轻的时候，不费多少功夫便能找到下家，随着年龄越来越大，寻找下一份工作的难度也越来越高。派遣员工从事的大多为辅助性工作，用人单位可能会认为大龄职员使唤起来不够"方便"吧。正如职场上女员工素来被称作"女子社员"，也侧面反映出年轻女性更受欢迎的雇用倾向。

一九八五年颁布的《派遣事业法》，起到了"釜底抽薪"的反效果，给之前所有女性劳动者争取权利的努力浇了一瓢冷水。《劳动基准法》明文规定，企业不得以女性就业者怀孕、分娩为由，对其解除雇佣关系。另外，针对实行"结婚退职制"与"女子三十岁退休制"（你敢信？）的公司，女性就业者们不断向司法部门发起诉讼，并一路赢得了胜利。可惜，单凭"合同期满，不予续约"这一项决定条件，无论是解雇怀孕员工，抑或"女子三十岁退休制"，从事实结果来看,经营者的企图最终都得逞了。况且,别看均等法早已实施,和派遣员工也没有一毛钱关系。

我教的女生个个都是东大毕业,就业时,几乎全部选择了综合职位。每次参加工作的毕业生到我家来玩,我例必要打听一句:"你在目前的公司里,有被要求端茶倒水吗?"

闻言,她们往往一脸诧异,意思仿佛是:"啥年月的老皇历了?"接着又道:"哪会有那种事,反正饮水机摆在那儿,想喝茶就自己倒呗。"看到她们的反应,我总憋不住想怼回去:"女子不用在职场端茶倒水,你以为是谁的功劳?"后均一期生进入职场后,据说还曾掀起过大讨论:"该不该把综合岗女子加入到女员工端茶倒水的值日表里?"有人认为,消耗高额人力经费的综合岗女性,不该拿来派这种用场,干些打杂的琐事;也有人主张,不对二者一视同仁的话,综合岗女子就会被行政岗那帮人孤立在外,未免太可怜了。我的天啊,放在今日,这条趣闻听来简直像个段子。不过,正是由于综合岗女子从端茶倒水中成功解脱了出来,派遣的"小姐姐"们才专门干起了"倒茶复印"的杂务,被钉死在辅助性岗位上。这种两极分化的现象,恰恰发生在均等法实施后的三十余年间。

　　你妈妈上班的公司,就属于上面这种情况。如今不管是哪家单位,都融入了大量非正规雇员,业已成为职场的常态。你妈妈的公司大约也不例外。她有幸成为一名正式员工,真的很棒。如果她把非正式员工也视为自己的"同事",一定常为对方遭受的不公待遇备感愤慨吧?不过关于这个问题,现实当中情况却比较微妙。比如,签订短期合约,经常更换职场的派遣员工,真的会被同事们接纳为"伙伴"吗?繁忙期到来时,对正社员下达的加班命令不屑一顾,掐着点下班的派遣员工,大家又是怎么看待的呢?午饭时间,一群正社员相约外出用餐时,会喊上派遣员工吗?大家商量去附近新开张的法国餐馆尝尝午间套餐,想约上手头并不宽裕的派遣员工时,会不会有几分犹豫呢?派遣员工隶属于专门提供人才租赁或人才外包服务的派遣公司,与周围的同事并不算"一家人"。不止如此,职场里还有不少小时工、合同工等其他类别的非正规雇员,连劳动工会也没把他们算进"伙伴"之中。最明显的证据是,工会从来不组织非正规劳动者参加活动。大家都默认,公司也好,工会也罢,仅仅属于正社员。然而,现实是正规与非正规的混合雇用依然保持攀升趋势。非正规雇用的递增,也加剧了职场待遇的两极分化。真是个头疼的问题。

非正规雇员中,有主动选择此类就业方式的人,也有迫不得已的人。每个人都有自身的特殊情况。比如,每天傍晚要去幼儿园接孩子,不得不按时下班的人;或身负照料老人的重担,每周只能工作三天的人;公司有夜班方面的用人需求,但自己却不愿上夜班的人……总之形形色色。唯有与雇主签订了法定工时劳动合同的人才算正规雇员,其他则一概属于非正规,在道理上本就说不通。要知道,"一天八小时,每周四十小时"的标准本来是谁制定的? 在执行这一标准之前,也曾有过"一天十小时或十四小时(尽管累得回家只有瘫倒的份),每周四十八小时(即周休一天)"的时代。目前通行的法定工时,是漫长历史中,劳动者与雇用方不懈争取、交涉的成果。劳动者凭借自身的力量,好容易赢得了今天的待遇。而非正规雇员,仅仅是不能每周工作四十小时,便被逐出了"正规雇用"之列……非正规雇员里,也包括小时工。名义上属于"短时间劳动者",不少人却与正规雇员一样,干着八小时的"全职工作",矛盾不矛盾?

非正规雇用之所以薪资低廉,理由在于"非正规"三字? 非也。是雇用方为了压低薪资,才特意发明了"非正规"这种区别标准,而非从事短时间劳动的女性自身的意愿。实际上这种差别化雇用，恰恰是企业针对女性群体抠脑袋想出来的。为了把已婚女性作为劳动力引向职场，并极力压低她们的薪酬待遇，甚至巧妙利用了税金"抚养配偶专项扣除"制度，这点我在 Q19 中已经给出过说明。财界的"资本老爹"与政界的"权势老爹"，向来串通一气，共谋利益。老狐狸们的坏主意，一贯取之不尽用之不竭。

那么，身为女性该怎么应对呢？我有答案。非正规劳动本身并没有问题。能够自由选择劳动时间（即弹性工作制，或可变动工作时间表），也比没有选择余地要好得多。问题在于，企业不该将之作为实行差别待遇的借口。解决的答案，是同工同酬原则。欧洲各国早已导入了这项原则。在工作性质与内容一致的情况下，向一日工作五小时的人支付标准薪酬的八分之五，每周工作三天的人支付五分之三即可。选择该种劳动方式的人，可称为"短时间正社员"。或者，向没有雇用保障的非正规员工，支付比正社员更高的薪水，也不失为一种办法。总之，不彻底打破"使用非正规雇员更划算"的机制，女性始终难改被利用、被榨取的处境。若要扭转这一点……嗯，唯有先撼动"爹说了算"，即"男性优待"的政治体系才行哦！

★ 7. 女权主义者，都是些什么人？

Q42. 我一直觉得，女权主义者净是些可怕的人。直到听了上野老师的演讲，才发现不是这么回事。请问，女权主义和性别研究追求的目标到底是什么呢？

A42. 哇哦，好开心！你听过我的演讲呀？一定是贵校的老师邀我去的吧。时常会有一些"怪老师"，愿意邀请同为"怪老师"的上野去学校举办演讲会。我最喜欢和十几岁的孩子聊天啦！毕竟，十来岁的小朋友率性直爽，想说什么就直说，一点也不拐弯抹角。

你为什么会觉得"女权主义者净是些可怕的人"（照搬问题里的原话）呢？你身边的熟人里，有谁素以"女权主义者"自称吗？是实际接触过女权主义者，你才产生了这样的感受吗？还是说，听见或看见周围的人议论"女权主义者，噢噢，好可怕！"呢？依我猜，估计是最后一种情况吧？而且，说出"噢噢，好可怕！"这种话的，应该是男人吧？我猜对了吗？

一提到女权主义者，男性的反应，似乎总是第一时间便想到"惨了,我要挨骂了"。说真的,如果确实想起了自己干过的坏事,不如好好去反省反省。比如电车咸猪手啊、性骚扰之类的。依我看,对待那些痴汉或性骚扰的加害者,还是做个"可怕的人"比较好。不过面对女高中生,就没理由摆出一副可怕的样子了。我可是"女人的友军"呢(笑)。大家总夸我对待女性态度超级和气。本身我个子瘦小,一向又没什么威严,说话时轻声软语,也极少发脾气吼人。不过呢,若有谁与我为敌,我就会特别不好惹哦。因为面对歧视与不公,我一个也不原谅!

女性群体内部,貌似也有许多人不愿被大家视作"可怕的人"。她们表示,不想与男性为敌。其实,女权主义者倒也并不敌视男性。毕竟,对待某些男人,我们不得不视若仇敌,而对另一些,则无需敌意相向。男性作为单独的个体时,即便是优秀的,但作为一个"集团",却造成了针对女性的高度系统性歧视。我们要对抗的仅仅是这个系统。似乎有不少女性认为"和男人作对太吃亏"。可惜,做个男人眼中"温婉贤淑"的女人,和凡事一味笑眯眯接受的"好操纵的人""容易利用的人",差不多是同一个意思,没什么好高兴的。反倒是我这个男性眼中的"恶人",由于可怕、难搞,而向来没什么损失。岂止,还净遇上各种好事。讨厌的渣男会自动躲着我,我发表点意见、提点要求,他们也会高看一眼,起码有所忌惮。所以,女性还是稍微凶一点,时不时当当恶人才正合算。

女人形形色色,女权主义者也一样。主动以此自称的人,自然属于女权阵营的一员。如果谁宣布"我是个女权主义者",旁人是没道理说三道四的。没必要去鉴定谁是真女权,谁是伪女权。因为有一百个女权主义者,就有一百种想法跟做法。尽管时不时我也会在心里嘀咕"这人能不能不要以女权自居啊!"(笑)。你和女权人士多接触一下试试吧。届时就会明白:"她们果真是五花八门呢!"

所以,就算你问我:"女权主义者是些什么人呀?""女权主义是怎样一种思想?"别人我不知道,我只能告诉你自己心目中的答案。女权主义最基本的主张,便是不受所谓"女性气质"或"男子气概"(俗话中的女人味与男人味)等性别规训的束缚,自由自在活出自己的面貌。凡是认同这一理念的人,都可以称作女权主义者。强者一贯我行我素、为所欲为,受这套准则约束的向来总是弱者。况且,女人味与男人味不同,它是一种要求女性恭谦、温驯、克制天性、放弃自我主张的规诫。对女性来说,意味着彻头彻尾的损失。话虽如此,我并不想变得"像个男人"。

所谓男人味，就是必须端起权威的架子，以主导者、掌控者的面目行事。女人并不想称王称霸，充当支配他人的角色，反之，长期处于弱势立场，品尝着其中的痛苦，承担照顾孩童、老弱的责任，故而深刻理解弱势群体的感受。正是因为弱者无法摇身成为强者，才沦于弱势的。就算告诉她"挨打了要还手"，长期遭受家暴的妻子若敢抄起刀子挥向丈夫，换来的也只会是变本加厉的折磨。例如，二〇一六年相模原市残疾人福利院"津久井山百合园"事件①中，有十九名残疾人惨遭杀害。若问："他们干吗不反抗呢?"理由就是，存在躯体障碍，无法自由行动，想反抗也力不从心。然而，不可认为弱者由于其"弱"，便活该遭受欺凌、歧视与不公。因此，我一直强调：女权主义并非主张"弱者应当成为强者"的思想，而是"身为

---

① 津久井山百合园事件：二战后日本最惨重的大规模杀人案件。发生于神奈川县残疾人福利中心"津久井山百合园"。当时，该园面积达 3.089 万平方米，内有居住区与工作区等多种设施，园内共计 157 名居住者。2016 年 7 月 26 日凌晨，该园 26 岁的离职员工植松圣，侵入园区，持刀械任意砍杀，并制伏员工用束带限制其行动，目的是杀害所有不具备与常人沟通能力的残疾住民，最终导致 19 人死亡、26 人受伤。案发后，植松圣于凌晨三点跑去警局自首，称犯案动机是出于极端的优生学说，提出"确曾使用刀具砍杀他们""世间没有残疾者不知有多好""无法与正常人沟通的人应当安乐死"等论调。

弱者也理应得到尊重"的思想。

社会上也有些人提倡另一种女权主义。她们希望与男人做相同的事,甚至上战场。我对此却无法苟同。女权主义是一门动态生长,不断发展、演变的思想。女人是否应当参军,或与男人看齐,以不惜过劳死的劲头卖命工作等,关于这些议题,女权人士内部也一向激烈争论不休,无法轻易得出一个结论。世界如此复杂多态,女权主义也不是非黑即白,可以拿出个一刀切的答案。哪怕具体到某个人,也无法单纯以"好人"或"坏人"来武断定性。我只希望自己做个对朋友"温暖",对敌人"可怕"的人。

★ 8. 自己的人生,自己做主

Q43. 日本步入"超少子老龄化社会"已经许多年了,若要解决这个社会问题,女性可以做些什么呢? 正当我为之思考时,在校园里有人塞了一本普及不孕不育常识的宣传手册给我,名叫《当你想要宝宝时,会被送子鸟眷顾吗?》(参照官网 https://www. pref. saitama. lg. jp/a0704/boshi/funin. html)。我怎么感觉,女人除了做生育机器,就没有其他作用了呢?

A43. 世上只有一件事女人办得到，男人却不行，那便是怀孕和分娩。于是乎，女性对社会的贡献，就是做个"生育机器"吗？

那么，你自身为了"解决社会问题"，是否打算生孩子呢？你的爸妈是为了解决"超少子老龄化"这一课题，才生下了你吗？

据我所知，没有哪一对男女会为了造福国家与社会而生孩子。无论男女，皆是出于自己的人生考量，为了自身的利益，才决定是否要孩子。准备什么时候生孩子、具体生几个，全是个人的自由选择。有人选择不生，有人选择只生一个，他们都有各自的情况和理由。将来，在你的生育问题上，不管是你的父母，或你老公的父母，如果插手进来横加干涉，都属于多管闲事。更何况周围的亲戚、朋友、世人或者国家政府，更没有说长道短的理由。

虽说社会上吵吵"超少子老龄化"问题已经好久，但儿童人口减少，发愁的到底是谁？谁更巴望大家多生孩子？为此一筹莫展的是政府和经济界人士。他们把国民的个体，按照"人头"——人口数来统计。人口减少，国家经济规模便会缩小。经济规模缩小，GDP（国内生产总值）就会下滑。GDP下滑，日本就会失去大国优势（如今日本是全球第三

GDP 大国），沦为寡民小国。权力高层的老头子们肯定特不甘心吧。

"生育机器"这个说法，出自二〇〇七年当时的厚生劳动大臣，一位名叫柳泽伯夫的官老爷之口。由于当时是岛根县自民党县议会的一次聚会发言，大概在场者都是党内的"自己人"，他一时放松了精神，嘴一滑就说出了真心话吧。这个词带着对孕产育龄女性高高在上的蔑视，毫无一丝体恤之意。由此可见，在这帮官老爷眼里，女人不过是一种"人口再生产"的资源。你并没有任何义务为了让官老爷们开心，而去当什么"生育机器"。

你听过"合计特殊出生率"①这个词吗？它表示女性一生当中生育子女的平均数。二战前，每位女性一辈子平均生五个孩子，战后下降为两个，随后不久便降到了 1.4 人。此外无论男女，结婚年龄一律大幅推迟，平均初婚年龄女性约在二十岁，男性为三十岁。头胎降生时父母的年龄已推迟到了三十岁以

---

① 合计特殊出生率：又称总和出生率，英文为 Total Fertility Rate，简称 TFR。由于婴儿夭折、疾病等原因，一般来讲发达国家的总和生育率必须在 2.1，才能达到世代更替水平，不会让人口总数随世代更替而下降。而许多国家的财税、社会及福利制度，是建立在生育率更高（人口增长）才能维持的基础上。

后。社会发生如此巨大的改变，是五花八门的因素错综复杂、相互交织而导致的结果。宏观的人口现象，则由每一位育龄男女的个人行为大量累积之后所形成。尽管可以分析预测，但背后的原因究竟是什么，没有谁说得清楚。

国家将人口当作资源来看待。而针对人口资源的管理，有质与量两个维度。政府不止希望国民多生，还希望优生，生出体格健康的优质儿童。因此也意识到，人作为动物，也有"生育适龄期"。过去的年代里，女人三十多岁生孩子就算"高龄产妇"了，需要倍加留意分娩风险，不止受孕率低下，母婴的健康风险也更高。

你在校园拿到的宣传册《当你想要宝宝时，会被送子鸟眷顾吗？》当中有没有写，很多时候想要孩子也未必怀得上，或女人一生中卵子的数量是有限的，怀孕生育后，卵子便会逐渐老化？给你们发放手册的人（埼玉县政府），期待年轻女性尽早怀孕、生育的心思可谓一览无余。但话说回来，"送子鸟"什么的，也太好笑了吧！这年头还有女孩子迷信"白鹳送子"这种古老传说吗？这种话语和修辞反映出，宣传方对待十几岁的青少年，既不愿"叫醒熟睡的孩子"，总想多一事不如少一事，又希望年轻女孩尽早怀孕生子的分裂心理。让人忍不住想问："我如果十几岁就生娃，国家会帮我看娃还是咋地？"

面对国家这种"催生"的态度，怨不得女性会怒从中来：难道我是个"卵子的活容器"吗？是"行走的子宫"吗？开什么玩笑！就算乐意生孩子，请育儿假也是个麻烦事，送孩子入托又谈何容易。再说了，由于怀孕生子遭受职场歧视与刁难的例子更不在少数。创造出如此不利于生育的社会环境，却一味鼓吹"生生生"，搞得女性集体群嘲："生个鬼啊，压根没条件好吗？"

但嘲归嘲，多掌握一点正确的生育常识并没什么坏处。如今的人们喜欢说"产子"，过去的老百姓总说"得子"。孩子不是谁想生，就百分之百都能怀上的，也有时候明明没人盼着生，却不小心而"得子"。因为大家深知，人类的生死之中，蕴含了太多超越个人意志的"不可知力"。如今，倘若还没做好准备迎接一个新生命，可以切实做好避孕措施，这对女性来说无疑是巨大的进步。而反之，就算下定决心"好咧，我要生孩子啦！"，却不见得能够如愿。

这种时候该怎么办呢？医学中有针对不孕症的治疗手段，但既花钱又费时间，同时结果还不确定，会搞得人身心俱疲。某些国家，存在寻找其他女性充当"代孕妈妈"的方式，但租用他人子宫的这种交易,无论如何都谈不上尊重对方女性的人格。其实,不生孩子也是一种活法。正如有人个子高,有人个子矮,有人体能优异,有人体能低下,把有无生育能力看作"自己无从左右的那部分人生",安然接受下来就好了嘛。况且,生孩子和为人父母是两码事。如果不惜一切渴望当爸妈,还有领养或过继这种方式,可以选择当个养父母。

愿意结婚就去结婚,不结就独善其身;爱异性很好,爱同性也不错;喜欢做爱就去做吧,不感兴趣也不必勉强;生孩子固然幸福,不生也未必是什么损失;想当父母值得祝福,不想当也天经地义;有离婚的想法也没关系,离就行了;想发展事业,坚持努力就好了……但愿我们的社会风气与环境变得更加自由,每个人的选择都不被他人说三道四、横加指责(当然更容不得国家从中干涉)。为了实现这一点,你也可以大有作为哦。

★ 9. 提高各领域内女性的占比,将会发生什么? 何谓"男女共同参画"?

Q44. 由世界经济论坛(World Economic Forum:WEF)所发布的《全球性别差距报告》显示,日本的排名年年下降,在一百五十三个国家中,已落后至一百二十一位(截至二〇一九年十二月)。首先,第一项衡量指标便是女性政治家的数量。此外,还有女性管理者在各个领域内的占比等。老师告诉我们,政府公布了"二〇二〇·三〇"计划,声称要在二〇二〇年以前(已经过了),实现"社会所有领域内,身居领导职位的女性占比达到百分之三十"这项目标。最终,如果每个领域内的女性都超过半数,是不是就圆满了呢?为什么非要增加女性人数呢?女性多起来,会有什么好处么?

A44. 日本在国际上的男女平等指数排名一向低到令人震惊。二〇一六年为一百一十一位;二〇一七年为一百一十四位(全球一百四十四国当中);二〇一八年有所提升,为一百一十位(一百四十九国当中);二〇一九年持续下滑,回落至一百二十一位。作为 GDP 世界第三的发达国家,这个数字简直可耻。换句话说,日本物质丰足,经济富强,而女性的处境却与国力发展水平并不同步,承受着严重的压迫与不公……时常会有些当权的老头子蹦出来鼓吹:"日本的女性已经够强了,用不着再提升地位了!"面对这帮家伙,不妨把报告摔在他们脸上,问问看:"你瞎吗? 瞧不见这些数字吗?"

为什么国际排名连年下降? 是社会状况越来越糟糕了吗? 其实不然。日本基本上没有太大变化。原因在于,其他国家为了实现男女平等竭尽了各种努力,日本却始终原地踏步,逐渐被全球趋势抛在了最末。不仅女政治家的人数不见增加,并且女子升学率虽说有所上涨,比起男子依旧相差悬殊。此外,尽管"联合国消除女性歧视委员会"从很早以前便提出劝告,要求日本实行"夫妇别姓选择制",却直到今天依然未能实现。为此,甚至遭到了联合国的警告:"喂,你们这帮家伙太懒政了! 别以为批准了废止女性歧视的国际公约,就可以盘腿而坐,什么也不用干!"为何女性政治家不见增多,为何女子的升学率总是低于男子,为何不采用夫妇别姓制……关于这些问题,我在之前的篇目中都曾给出过答案,想必你已经有所了解吧?

统计数字至关重要,可以成为讨论问题的客观依据。不过,可测定的数值并不能反映事实的全部。其中最容易理解的一项,便是各领域内身居领导职位的女性比例。听说政府的"二〇二〇·三〇"计划时,我最初的反应是:"咦? 干吗不是二〇二〇·五〇?"百分之三十这个施政目标太温吞、太温吞了。毕竟,女性占据了总人口的半数啊。在各个领域里,女领导也占半数,岂不是理所当然? 话虽如此,别看只有百分之三十,想要达成目标也困难重重,这是不争的现实。直到二〇二〇年过去,政府才弄明白"糟糕,根本搞不定",遂把达成目标的期限又延后了十年。真希望十年后,能够实现"二〇二〇·五〇"。你是不是心想"算了,别指望了"?

为了实现这一目标而制定的政策,政府称之为"男女共同参画"。意思是"在任何领域,男女都将共同参与,共同规划"。英语里怎么说呢? 嗯,用"Equal Participation in……"(在……领域内平等参与)来表达未免繁琐。我又查了查,通行的正式说法是"Gender Equality"。什么嘛,Gender Equality 直译为日语,并不复杂也不繁琐,依旧是"男女平等"。这个词在战后的岁月里分明已沿用多年,哪怕按照国际标准,也是个通用的表达。既然如此,政府直接说"男女平等"不就得了? 反正,管它三角还是四角①呢,我也弄不明白,这个旧辞典里本不存在的复

---

① 日语中"参画"一词与"三角"谐音,都读作"sankaku",此处是作者在开玩笑。

杂用语,初次登场是在二十世纪九〇年代以后,多少算是个新词。发明它的是日本政府,换句话讲,"男女共同参画"不属于日常用语,而是行政话术。那干吗要特意自创一个新说法呢? 这是因为,当时执政党的那群官老爷,讨厌"男女平等"这个词。听说官僚们为此琢磨了好久。换成"男女共同参画",听起来是不是感觉男人有男人式的参与法,女人有女人式的参与法? 如此一来,就和"性别素质教育"的宣传口径"男女不同,然而平等"(Different but Equal)匹配上了。别看这帮官老爷勉勉强强接受了"家政科目男女共修制",但内心真实的想法,却希望维护既往的"男技术·女家政"的性别素质教育模式。"男女共同参画"这种政治话术,正是揣度了他们的心思,才"量身订做"的。所以,我从来不屑于用这个恶心的行政术语。话语的力量至关重要。毕竟你曾思考过,有没有什么词可以替换"主公"这个称呼,想必你也清楚这一点吧。

那么,为何要在各个领域增加女性的人数呢? 女性多起来,会有什么好处么? 东大女生的比例仅占两成,会有什么麻烦吗? 干吗非得设法提高理工科系中女生的比例呢? 仅仅是因为,去海外旅行、留学的时候,发觉"日本好落后啊,太羞耻了!"吗?

　　听说,东大教职员在增加女生数量这个问题上并不积极,原因是,对于这样做能够达成什么目标或效果,大学内部意见并不一致。本来报考东大的女生就少,就算被录取,通常也不会选择理工科系。"这事不是本人自愿的吗?""就算扩充女生的名额,入学后,直到毕业都会遭人嘲弄,'你是凭女子扩招(被照顾)进来的吧?'"于是,在女生最少的工学部里,某次校方提出要扩充女生名额,最先站出来反对的,恰恰是工学部的在读女生们。

　　在所有领域内,按照女性在总人口中占据的比例增加等额的人数,这样就算达成目标了吗? 女性的增加,会改变什么吗? 提高女性的数量,意在改变什么? 这些都是非常好的问题。

　　男性的 DNA 和女性仅差一条染色体,却生而享受更好的待遇,以及更优越的养育方式。导致两性的思考方式、感受方式大相径庭,简直可用"异文化""异人种"来形容。于是每对男女结婚,不管婚内相处模式如何,本质都与"国际婚姻"无异,说是"跨文化接触"也不过言。跨文化之间一旦碰撞,摩擦则成为必然。有摩擦必伴随噪音,噪音总令人不悦。本来,两人如果唱的是一个调子,凡事不必明说,也能心有灵犀。与这样的人相处会十分舒服省力。动不动解释自己的想法和感受,听取对方的理由或说辞,既麻烦又累心。不过,异文化交流的过程中,也能产生出一些过往不曾了解的知识与信息。这种反应,叫作"信息再生"(Information Regeneration)。

信息学的一项基础理念,便是"信息由噪音产生"。信息的基本元素即噪音,没有噪音的地方无法产生信息。至于噪音通常来自哪里,它产于系统与系统之间的摩擦、挤压。名叫"自我"的系统、"家庭"的系统、"社会"的系统等……为保证每个系统皆可高效运转,人类天生自带一种心理机制,会尽最大可能抑制噪音的出现。例如走路的时候,如果每迈一步都要思考应该先出左右哪条腿,就没法好好行走了。家庭内部,如果每日都要商量"今天的晚饭谁来做",会浪费大量时间,又毫无意义。"爸爸上班挣钱,妈妈承担家务"的性别分工,也属于"家父长制"这套系统,目的是使大家相信"男女天生本该如此",而不对之抱有多余的疑问。"奇怪,别人家的爸爸明明也下厨做饭呀!""瑞典的家庭几乎都是夫妻双双工作挣钱呀!"当你冒出以上这些念头时,噪音便产生了。所以说,为本书提出过不少问题的你,信息生产率可以说相当高呢!

由此也可见,长期待在同一套系统内,会导致不再产生新的认知。甚至不如说，系统本身就是为了缩减信息再生、压抑新认知而存在的。

过去，日本是个制造业大国。只要认真细致、心无旁骛地劳动五小时，就能造出五小时份的产品。由于不偷工、不减料、质量好、不易坏，所以"日本制造"畅销全球。这也导致企业在招募人才时，倾向选择认真、老实、听话、服从性高的求职者。这套做法，被称作提高"劳动生产率"。而今后，日本需要的生产率是信息认知层面的生产率。原因在于，世界的面貌与发展，正以前所未有的趋势变得越来越不可预测。在这个不可测的世界里，以往的惯例或老规矩、老办法是行不通的。我们必须勇于面对从未见识过、经历过的现实，为一些尚无答案的问题，努力寻求解答。

这种时候我们最需要的，是与形形色色的系统相遇，同时涉足多个系统，积极接纳与以往不同的新系统……比如，学说多门外语，拥有在海外生活的经历等，都属于"接触多系统"。或者，光是每天来往于职场与家庭，也是横跨不同系统的一种认知漫步。因为，职场与家庭本就是两套迥然不同的体系。比如，一边点火煮饭一边给婴儿换尿片，同时再打开洗衣机……单是三件家务一把抓，就堪比"女超人"了。

每次集中精神完成一件事的专注力固然重要,同时熟练执行复数项任务也一样了不起,这叫作"多线程处理"的能力。经常做家务、带孩子的女性,比男性更擅长处理多重任务。更何况,来到二十一世纪,职场也导入了各种高科技工作手段,不仅要求对各种IT设备运用自如,精通外语也同样不可或缺。而婴儿的需求却从无变化,和二百万年前人类诞生之初几乎没有任何区别。育儿加工作,如同一天之内来回穿梭于二百万年的时差之间,这意味着,职业女性无不生活在巨大的系统差异当中!所以,男人若是也能参与一下育儿事务,该有多好。

这样优秀的女性,不能被纳入政治、学术、企业、文化等各个领域,是极为可惜的。因为,每个系统经由这样的接触与交流,会诞生以往从未有过的崭新变革。如果不断驱逐异己,社会将失去破旧立新的机会。而被社会拒绝的人,以女性占绝大多数。日本社会将半数人口排除在外,也因此自食苦果,遭受了巨大的损失。

本身政治、经济、学术、科技、文化、艺术等,并非只服务和造福人类的半数便足够。女性的增加,切实改变了学术的风气与方向,也因此诞生了"女性学和性别研究"等崭新的学术门类,指出了以往学术理论中存在的偏颇。而本书，正是"女性学和性别研究"的一份治学成果。至于文化、艺术，自然也将改换面貌。以往的文化不过是"由男人主导，为男人服务，隶属于男人"的文化罢了。

科技方面又怎样呢？或许有人会讲，"真理是唯一的，不管研究者是男是女，结果并不会有什么改变。"但事实证明，随着女性科学家的增多，从研究选题到研究方法，都与男性一手遮天时有了不同的面貌。当然，男性偏好的领域里涌入了女性并没有什么问题；同理，通常被认为"面向女性"的学科中，多了男性的参与也不会有任何不妥。说不定，变革也将应运而生。

政治、经济的局面，也会因女性的增多而改天换地吧？毕竟，半数的投票者、半数的消费者皆是女性。经济之所以难以复苏，也因为具有购买力的绝大多数是男性。只有当女性通过工作赚取到更多薪酬时，才能做到"买不买我说了算"，拥有"裁量权"和购买力。有人曾说，货币是对商品的选票。政治上虽是一人一票，但在市场中，"货币"这种选票，却有人坐拥无数，有人手中无几。经济世界的运转，靠民主原则无法推动。你懂得股东大会和政治选举的区别吧？股东大会上，决策权是依照股东持有股份的多少来分配的,而非靠民主主义。

不过,你也许会困惑:在政治的世界里,原则可是"一人一票"啊,既然投票者的半数皆为女性,为何政治格局从没有任何改变?日本在战后,实行的分明是男女同权的民主主义制度,为何现状却如此一成不变?那是因为,女性一直未能行使手中的权利。

就算行使了选举权,被选举权也始终被忽略。妨碍女性当选政治家的种种花招与屏障,在不断扯她们的后腿。女性本身也一直顺从于这套把戏。女性从政的路途上具体有哪些壁垒,我在Q36中已作了盘点。

即使有更多女性涉足政经界,如果增添的只是些一味顺从于权威的"老师的乖乖女"(Teacher's Pet),或擅长揣摩男人的心思、预先投其所好的女性,那么整个系统也不会有任何改变。所以我才会发出疑问:"只要是女的,就谁都行吗?"在一个长期由男性主掌并垄断的系统中,如果不改变旧有的整套做法,仅仅是吸收女性成员加入,也只能进一步强化男性的优势地位。如果无法给既有的旧系统当中注入一点"干扰音",那么便失去了女性加入政坛应有的意义。

因此,不管去到哪个领域,请你尽量自由地舒展拳脚,坚持做自己吧。感到"这不合理"的地方,就直言不讳地指出"太奇怪了";碰到心里想尝试的工作，就把手高高举起，毛遂自荐"让我来吧"；发现以往的办法"行不通啊"，就去思考一套属于自己的解决方案，务必使自身成为一个在系统里"制造噪音"的人。同时，也请去寻找一群接纳噪音、享受噪音，能够与你共同成长的伙伴。

一个见所未见、闻所未闻的未来正在前方等待着你。它会是怎样一幅景象，我无法擅自描绘。但勇于迎向不可知的未来，是件有趣、有意义，也有回报与成就的事。

希望将来某天，当你来到人生的暮年，会发出感叹："啊，我的一生真美好，真精彩！"

"你理想中的社会是什么模样？"

最后，针对"为何要实现男女平等"这个问题，我们再来确认一遍。

女性拥有决策权，对社会来说，是件至关重要的大事。它使得女性的思想、感受、经验等能够切实反映给社会，促使社会机理发生改变。社会是个不断生长的有机体。变化本身，对社会的发展存续必不可少（这叫作"可持续性"，即 Sustainability）。之所以说女性理该拥有更多决策权，是因为在漫长的岁月里,女性一直身为弱者,居于弱势。

女性当中亦有强人,或手握权势的个体,并不是说生而为女,即是弱者。然而,女性更多地从事照料孩童、老人等弱者的工作,也承担了服侍病患或残疾家属的职责,一直陪伴在弱者身边,理解并安抚弱者的心情。

男女平等的思想,并非倡导无论男女一律要变身为强者,或渴望像男性那样占领高位、主宰他人,在权力斗争中获胜,以暴力的方式强迫他人听从自己。由男性一手打造的社会已存在太多问题与麻烦,女性并不希望效仿男性,去发起战争、彼此残杀。愚蠢的事情,无论由男人去做还是女人去做,都同样愚蠢。没必要去模仿男人的所作所为。

弱者最渴望得到的,是安心、安全的社会环境。哪怕身为弱者,也可安然无忧地生活其中;无法靠自身力量独立生存的孩子,也不会被忽视或虐待;上了年纪的老人,也不会被当成"累赘"而遭到嫌弃;身体有残疾,也不会惨遭杀害……如此美好健全的社会,你不渴望拥有吗?我们每个人降生于世时,都是稚嫩无力的婴儿,最终,也会作为虚弱衰微的老人撒手告别,无人可以逃脱这样的宿命。最能深刻理解这一点的,是始终在照顾孩童与老人的女性。

安全保障，用英语说是"security"，它包含守护个人的安全与国家的安全两个方面。本应是国家为个人提供保护，假使为了保护国家反而牺牲了个人，岂不是本末倒置？无论怎么想，个人的安全保障，都该优先于国家。千万不可忘记，我们身为弱者降生于这个世界，又身为弱者而离开。教我懂得这个道理的，正是女权主义。为了实现"弱者亦可安居"的美好社会，男女平等是必由之路。

有人说："我不想太过在意自己的性别是男是女。"这话说得是不错。然而，在一个男女的生存方式差别如此悬殊的社会里，不管你自己有多不在意，恐怕社会现实也处处不放过你的性别，使你压根无法视而不见，当它从不存在。

等待所有人都不必介意性别的社会真正来临，估计还要花费漫长的时间。在我有生之年，大概是见不到那一天了。在你有生之年，恐怕也同样困难。在那一天到来之前，女权主义和性别研究仍不可停止发挥作用。他们的奋斗目标，是为了有朝一日，女孩们可以惊讶地说："咦？原来人类历史上还有过女子遭受歧视和压迫的时代呢！"

为了实现这个理想，但愿这本书也能派上一点点用场。

★ 二〇一九年度(平成三十一年) 东京大学入学典礼祝词

恭喜在座的每位同学,在激烈的竞争中过关斩将,最终胜出,成功入读东大。

1. 女生所置身的现实

我猜,大家或许从未怀疑,自己参加的这场选拔考试是公平公正的。否则的话,诸位想必将义愤难平吧? 然而遗憾的是,就在去年,东京医科大学入学考试的舞弊操作曝光于众,校方针对女生与复读生实行差别录取的问题遭到了披露。文部省①对全国八十一所医科大学及医学部实施了调查,结果显示:各校普遍存在女生入学难的问题,男生的合格率平均高达女生的 1.2 倍。曝出丑闻的东京医大为 1.29

① 全称"文部科学省",日本中央政府行政机关之一,负责统筹日本国内的教育、科学技术、学术、文化和体育等事务。

倍;最高的顺天堂大学达到了 1.67 倍;昭和大学、日本大学、庆应大学等私立高校也纷纷位列前排。而系数低于 1.0,即女生反而更容易获得录取的,是鸟取大学、岛根大学、德岛大学、弘前大学等地方国立大学医学部。至于东大理科三类①,则为 1.03,比平均值低,但又略高于 1.0。这个数字该如何解读?借用统计工具在此时至为关键,因为考察基于统计才可成立。

女生比男生更难考取,是因为男性考生的成绩更为优异吗?公布了上述调查结果的文部省负责人对此这样评论:"除此以外,再难找出男生占优势的学部与学科了。无论理科或文科,成绩占上风的大多是女生。"换言之,除去医学部,其他学部里,女生入学的难度系数皆在 1.0 以下。这意味着,唯独医学部高出了 1.0,是需要作个解释的。

事实上,各种数据都证明,女性考生的偏差值普遍高于男性考生。首先,女生为了避免复读,在填报志愿时一般倾向于稍留余地,选择更易考取的学校。其次,东大新生的女生比例长期无法突破"20% 壁垒",今年甚至低于去年,滑落至 18.1%。从统计角

---

① 东京大学理科三类:指医学药学专业,含医学、健康护理学两个系。

度来讲,偏差值的正态分布,男女之间并无差异,由此可知,报考东大的女生要比男生优秀。再者,四年制本科的入学率本身也存在悬殊的性别差异。二〇一六年度的学校基本调查显示,四年制本科的入学率,男子为 55.6%,女子为 48.2%,两者相差七个百分点。这个差距并非来自于成绩,而是家长们"儿子供到大学,女儿供到短大"的重男轻女观念的产物。

最近,诺贝尔和平奖获得者马拉拉·优素福扎伊女士来访日本,向公众强调了女性教育的必要性。这对巴基斯坦来说,自然是头等大事,但日本敢说与自己毫无关系吗?"反正是丫头片子""毕竟是女孩子嘛",这种泼冷水、扯后腿的做法,叫作"Aspiration 的 cooling down",意思就是"热情与斗志的降温效应"。当马拉拉的父亲被问到:"您是怎么教育女儿的?"他回答:"我从不掰断她想飞的翅膀!"确实,翅膀人人皆有,但不计其数的女孩,自幼便被折了翼。

至于发奋用功,总算考入了东大的男女生,又有怎样的环境在等待你们呢? 与其他大学共同举办的联谊会上,东大男生素来是香饽饽,行情走俏。反之,我曾听不少东大女生吐槽,当她们被问及"你是哪个大学的",却只敢语焉不详地回答:"东京……的……大学。"原因何在呢? 据说直言"东大"的话,对方便会退避三舍。为何男生骄傲于自己东大的身份，女生却欲言又止，没胆量照实回答？这是因为，男性的价值与他的成绩素来成正比，女性却相反，价值与成就的关系是扭曲的。女孩从幼年起，被寄予的期待便是"要可爱哦"。那么"可爱"是一种怎样的价值？是被爱、被挑选、被男性保护的价值，当中暗含了"绝不会给对方带来威胁"的保证。所以，女生总会设法隐藏自己成绩好的事实，以及东大生的身份。

近年曾发生过一起性侵案件，东大工学部及研究生院的五名男生，集体猥亵了某私立大学的女生。施害者男生中三人被开除学籍，两人被停学处分。作家姬野薰子以该事件为原型，创作了一部小说《因为她蠢》（简体中文版名为《以爱之名》，二〇二〇年出版），去年还曾在东大举办了相关主题的研讨会。"因为她蠢"这个书名，是警方取证审理的过程中，施害者男生口中的原话。读过这部作品，诸位就会了解东大男生在社会上是被如何看待的。

据悉，东大至今依然存在事实上不接纳东大女生，只允许他校女生加入的社团。在半个世纪之前，我还是学生的年代，就冒出了这样的社团，而半个世纪后的今天，它居然仍在以这套规则运营，令我大为震惊。就在今年三月,东京大学"男女共同参画"理事兼副校长向该学社发出了警告,指出这种排斥女生的做法违悖了《东大宪章》所倡导的平等理念。

迄今为止,你生活和学习的这所学校,只是个"表面平等""口头平等"的社会。偏差值的竞争,并没有男女之别。而当你步入大学的瞬间,隐匿的性别歧视已开始暗中潜伏。等到你踏入社会,会发觉更露骨的性别歧视正大肆横行。遗憾的是,东大并不例外,也是其中之一。

在本科阶段,女生的占比约为 20%,到了硕士课程,则占 25%,博士课程占 30.7%。接下来,到了研究性职位,女助教的比例为 18.2%,副教授11.6%,正教授则下降至 7.8%。这个数字,比国会议员中女性的占比还要低。每十五名学部长、研究科长中,仅有一名女性。而东大历任校长中,则从未有过女性!

2. 身为女性学的"拓荒人"

四十年前,诞生了一项专门研究性别现象的学问,叫作"女性学"。后来改称为"性别研究"。我在求学的时候,世间还不存在"女性学"这门学科,于是,我便创建了它。它原本诞生于大学之外,最终加入到大学的课程之中。四分之一世纪前,在我最初就职东大时，是文学部的第三名女教员，终于得以站上讲台，向学子们教授女性学。刚着手研究女性学时，世间还充斥着各种未解的两性谜题。谁规定的男人上班赚钱，女人操持家务？家庭主妇属于什么角色，到底是干吗的？在卫生巾、棉条尚未发明的年代，女性一到经期都用什么？日本历史上，有过同性恋吗？这些问题，之前从未有人考察过，故而不存在什么"先行研究"。于是，不管我搞什么课题，都能成为该领域的第一人，即"拓荒者"。在今日的东京大学，无论研究家庭主妇、少女漫画，还是一切人类的性活动，都能够拿到学位。那是我们在崭新的领域里不断开拓、不断奋争的结果。而驱动我去为之努力的，是永不疲倦的好奇心，和对社会不公的愤怒。

搞学问也存在"创业"一说。既有逐渐式微的学科，也有蓬勃新兴的学科。而女性学，正属于一门"创新"的学问。不止女性学，环境学、情报学、残障学等，五花八门的"新地界"不断应运而生。是时代的变化在呼唤它们登场。

3. 乐于拥抱变化与多样性的大学

在此容我声明，东京大学是一所乐于拥抱变化与多样性的大学。接受我这样的人执起教鞭、登上今日的讲台，便是证明。此外，东大还有在日韩国人教授姜尚中，和仅有高中学历的教授安藤忠雄，以及盲聋双重残疾的教授福岛智①。

你们通过了重重选拔来到这所大学。须知培养一名东大生，国家每年要花费五百万日元。接下来的四年里，等待你们的将是得天独厚的教育学习环境。在此任教多年的我，可以为之做出担保。

你们走到这一步，心中想必认为：但凡努力，皆有回报。可惜，正如我在开场白中提到的那样，一个纵使努力也得不到公平回报的社会，正在前方恭候你们。同时也请勿忘记，你们之所以产生"努力皆有回报"的想法，并非你们自身努力的结果，而是拜优越的环境所赐。今日你们能有这份笃信，皆因一路走来，身处的环境不断为你们提供鼓励、鞭策、手把手的提携，以及当你们达成目标时，给予正向的评价、不吝的赞美。然而，这世间还有一切努力付诸东流的人，有渴望努力但力不从心的人，有太过努力以致身心支离破碎的人……更有正拿出力气跃跃欲试，却被"反正就凭你……""反正就凭我……"这种

---

① 东大入学典礼上，上野教授的致辞原文为"国立大学史上第一位在日韩国人教授姜尚中，国立大学史上第一位高中学历的教授安藤忠雄，聋哑盲三重残疾的教授福岛智"，收录至本书时日方出版社做了修改及删节。本文翻译以书中内容为准。

丧气话,扼杀了斗志的人。

请不要把你们的努力,仅用于打败对手,为自己争得高位。莫把优裕的环境与天赋的才能,用来轻视、贬低那些不被上天眷顾的人,而是向他们提供帮助。同时,别逞强,接纳自身脆弱的一面,与他人彼此扶持、相互依靠地活下去吧。孕育了女性学的,是以"女权主义"为名的妇女解放运动。女权主义绝非鼓动女性依照男人的方式行事,或宣扬弱者应当变为强者的思想。女权主义所追求的是,哪怕身为弱者,依然能受到尊重。

4. 在东大学习的价值

在远方等待你们的,是之前任何一种理论皆无法预测的未知世界。迄今为止,你们寻求的都是有"标准答案"的知识。今后等待你们的世界,将充斥着没有"正解"的考问。大学里之所以必须具备多样性,原因在于,新的价值往往是从系统与系统、文化与文化的摩擦之中产生的。没有必要将视野局限于校园之内,东大还设有为海外留学、国际交流,以及为解决国内区域性课题的相关活动提供支援的机制。请你们飞向外面的世界,去探寻未知的事物吧。没有必要害怕异文化带来的冲击。不管走到何处,凡是有人生活的地方,你也一定可以生活下去。希望你们掌握的知识,使你们纵是身处东大的金字招牌丝毫派不上用场的世界,在任何一种环境或天地里,哪怕沦为难民,也足以生存下去。我坚信,在大学求学,价值并不在于掌握目前已有的知识,而是为了孵化从未出现在人类视野中的新知,去积累相关的知识储备。孕育知识的知识,称为"元知识"。帮助学生掌握元知识,方是大学教育的使命。

欢迎各位入读东京大学。

平成三十一年四月十二日
NPO 法人"女性行动网络"理事长　上野千鹤子

※转载自东京大学官网(http://www.u-tokyo.ac.jp/ja/about/president/b_message31_03.html)

⭐ 上野图书馆："助你展翅"的读书清单与观影列表

这个单元将为大家分享一些好书或电影，并附上几句短评，帮助女孩们舒展双翅，活出自我。清单里罗列的书目是各位毕业的女高中生、在读中的大学生，以及出版编辑等交换意见后精心挑选的。以书店里容易入手、图书馆方便借阅的书目为主，汇拢出一个合集。此外，编者也希望借此机会，大家能够延伸阅读的触角，涉猎更多上野老师执笔的著作，于是重点围绕本书的主题，开列了一份她的作品书单。

BOOKS

● 鱼住直子《我有话要讲!》(『いいたいことがあります!』,偕成社,二〇一八年)

这本书告诉大家一个道理：不是只有大人（家长老师等）说的话才正确！别看我年纪小，也有独立思考的能力。碰到推不开的门，就拉一下试试。肯定能找到那条正确的路。

- 雨宫处凛《一种名叫"女子"的诅咒》(『「女子」という呪い』,集英社 Creative,二〇一八年)

女孩子自打出生之日起,便如同白雪公主,被施加了恶毒的诅咒。不过,想要解除诅咒,靠的不是王子的亲吻,而是你自身的觉醒。读过此书,你定会明白这个道理。

- 萨沙・布雷格林(Sassa Buregren)《女权小斗士读本:我向北欧学女权》(Lilla feministboken—The Little Book of Feminism,枇谷玲子译,岩崎书店,二〇一八年)

"活出自我,是什么意思?""世上的大事,为什么总是男人拿主意?"跟随北欧小女孩艾巴,带着问号,去思考周围的诸种现象,定然会有琳琅满目的新发现。你内心的困惑,必定也会一扫而空!

- 玛尔塔・布琳(Marta Breen)《战争中的女人:自由、平等、女性情谊》(Fearless Females:The Fight for Freedom,Equality,and Sisterhood,枇谷玲子译,合同出版,二〇一九年)

一位女权主义者写道:"权利不会从天而降。"这个道理,无论过去还是未来,都不会变。我们绝不可忘记:权利,是抗争的果实。

- 小山健《"月经"这个小东西》(『生理ちゃん』,KADOKAWA,二〇一八年)

"今天……我来那个了。"关于"月经"这件事,哪怕是在女孩之间,每次提起,大家也会遮遮掩掩地悄声讲。本书把"月经"做了拟人化处理,给它赋予了可爱、通俗的形象,并借由它的口,道出了生理期的种种折磨与烦恼。和男朋友、家人一起读也不错。本书的续篇目前已在发售中!

- 山口慎太郎《"家庭幸福"的经济学:经由数据分析,了解结婚、生子、育儿的真相》(『「家族の幸せ」の経済学——データ分析でわかった結婚、出産、子育ての真実』,集英社新书系,二〇一九年)

家庭内部在生子、育儿方面,倾向于凡事忽略事实根据,处处凭"我以为"来交流和决策,使得每位成员都倍感窒息。本书以经济学为切入口,将家庭成员一一从自以为是的困境中解放了出来。

- YUMUI《好想摆脱老公的抚养》(『夫の扶養からぬけだしたい』,KADOKAWA,二〇一九年)

"你以为是谁在养你!?"家庭主妇从未想到,老公人不错,对自己也挺好,居然有一天也会吐出这样伤人的话。千万别以为这与自己无关,心说"我可不会挑这样的男人结婚""我可不会遇到这种奇葩事"。这种经历,有可能发生在每个女人头上。

- 周燕飞《贫困的全职主妇》(新潮选书,二〇一九年)

宁愿受穷,孩子小时候,也要自己亲手带……对于女人的这种选择,你怎么看?据说,这些母亲的幸福度相当高。然而现实之中,真相究竟如何呢?

- 赵南柱《82年生的金智英》(斋藤真理子译,筑摩书房,二〇一八年)

"里面写的,该不是我的亲身经历吧?"本书出版后,读者横跨了几代人,甚至超越了国境,在韩国与日本皆获得了众多女性的共鸣。身为女人,不管出生在一九九二年、二〇〇二年还是二〇一二年,如果不想像金智英那样度过一生,应该怎么做?

- 有间忍《那个女人,起舞吧!》①—⑤(『その女、ジルバ』,小学馆,二〇一八年连载完毕)

如果你渴望了解温暖的女性情谊,读读这套漫画再合适不过。年龄不会消减女人的魅力,丰富的人生经验同样无助于增长魅力。那么,魅力到底从何而来?答案满满散落在这部作品的书页间。

- 海野纲弥《逃避虽可耻但有用》①—⑪(『逃

げるは恥だが役に立つ』，讲谈社，二〇二〇年连载完毕）

女主把结婚当作"就业"，实质等于是"合同制婚姻"。一对男女，共居同一屋檐下，由此展开了充满秘密和放飞想象力的生活。恋爱是什么？婚姻是什么？诸如此类，保证你会被大人头痛的种种问题，搞得心里一喜一忧、七上八下。从十几岁起早早思考这些问题，或许也不错。

● 西炯子《恋爱与国会》①（『恋と国会』，小学馆，二〇一九年）

一位前地下偶像当上了国会议员！同年龄的世袭议员与在野党议员也卷入其中。挑战既往漫画题材，以国会为故事舞台，政治常识满载，前所未见地精彩！

● 辻村美代子、三浦麻理、糠塚康江编著《女性的参与改变政治：如何活用候选人均等法》（『女性の参画が政治を変える——候補者均等法の活かし方』，信山社，二〇二〇年）

把这本书和《女生怎样活》搭配阅读，想必就能理解女性参政的必要性了。同时也会明白，在政治的世界里，女性为何总是少数派。问问自己有没有忘记：我们不仅拥有选举权，还有被选举权？

- 小岛庆子 编《拜拜吧！欺凌与骚扰——改变自我与社会的 11 个智慧》(『さよなら！ハラスメント——自分と社会を変える11の知恵』,晶文社,二〇一九年)

霸凌与骚扰如灭顶之灾？必须咬牙死忍？要么,是自己活该？以上认知都不对。本书汇集了各种场合下,发生在各种人身上的受害经历,逐一帮他们思索对策。同时,这样的智慧也关系到对社会现状的改良。

- 栗田隆子《喃喃低语的女权主义》(『ぼそぼそ声のフェミニズム』,作品社,二〇一九年)

我们做不到分分秒秒斗志昂扬地打拳,也难以每时每刻都在振臂高呼。于是,一路上遗落了太多关于细小议题的讨论。这是不可否认的现实。"但我会跟在队尾,一一将它们捡起哦,只为'我'和'你'的声音,不再被他们无视。"女权主义,也有这样一种参与方式。

- 奇玛曼达·恩戈兹·阿迪契(Chimamanda Ngozi Adichie)《我们都该是女权主义者》(We Should All Be Feminists,久保田希译,河出书房新社,二〇一七年)

请你用心听我说。我也会倾听你的声音。让我

告诉你,为何我会成为一名女权主义者。你也谈谈
你的经历。快乐幸福,才是我们今生的目的。我想,
这句话足以道出本书的真谛。

● 小川玉佳《"基本不存在"的群体,如何看社
会》(『「ほとんどない」ことにされている側か
ら見た社会の話を』,Taba Books,二〇一八年)

在日本这个国家,遭遇无理之事,你不能怒斥其
"荒谬",纵使心里一百个不情愿,周遭的氛围也会阻
止你说"不"。对女性尤其如此。女性的声音,被一
再无视。故而,性暴力、痴汉骚扰等,才屡屡被归咎
为"受害者本人的错"。面对这样的状况,有位女作
家拍案而起,高声痛斥:"岂有此理!"并不断呼吁大
家起身抵制。

● 小仓千加子《"女人味"入门(笑)》(『オンナ
らしさ入門(笑)』,理论社,"顺便打个拳"系列之
27,二〇〇七年)

与其活出"女人味",不如活出自己的范儿——
踏入社会前,女孩总会这样想。谁知一出社会才发
现,"咦咦?怎么和我想的不一样,到处都要求女人
味?太老土了吧!"心里想一笑置之,有时却难以办
到。这张惊喜连连的"处方笺",送给为同样的问题
而困惑不已的你。

MOVIES（为避免剧透，仅对情节做一句话点评）

- 莎拉·加芙隆（Sarah Gavron）导演，《妇女参政论者》（Suffragette，二〇一五年）

改变社会的，绝不总是那些杰出非凡的人。

- 米密·莱德（Mimi Leder）导演，《性别为本》（On the Basis of Sex，二〇一八年）

它告诉我们，"法条是由人制定的！"

- 格蕾塔·葛韦格（Greta Gerwig）导演，《伯德小姐》（Lady Bird，二〇一七年）

女孩想要展翅做自己，可以做些什么。

- 格蕾塔·葛韦格（Greta Gerwig）导演，《小妇人》（Little Women，二〇一九年）

女人果真无法靠自己活下去……吗？

- 玛丽-卡斯迪耶·芒颂-沙尔（Marie-Castille Mention-Schaar）导演，《母亲节》（La fête des mères，二〇一八年）

爱情、事业、家庭我全要，太贪心了吗？

- 肯·洛奇（Ken Loach）导演，《对不起，我们错过了你》（Sorry We Missed You，二〇一九年）

一个家庭在职业变故与时代大潮中，上下沉浮、苦苦挣扎的身影。

- 荻上直子导演，《人生密密缝》（彼らが本気で

編むときは、二〇一七年)

只有一对男女才会陷入爱情？只有女人，才能做母亲？

● 卢卡·瓜达尼诺（Luca Guadagnino）导演，《请以你的名字呼唤我》（Call Me by Your Name，二〇一七年）

年轻男子与青涩少年之间刻骨铭心的恋情，初尝爱的痛楚与狂喜。

上野图书馆

【著作】

●《父权制与资本主义》（『家父長制と資本制——マルクス主義フェミニズムの地平』，岩波现代文库，二〇〇九年）

为何爸爸在家什么活都不干？为何妈妈一手包揽家务、育儿、护理老人等全部职责？妈妈做事没有报酬吗？女权主义重磅之作，使"无偿劳动"的概念在日本获得普及，揭示家务劳动背后不为人知的秘密。

●《性感女孩大剖析：女性如何解读、被解读与自我展演》（『セクシィ・ギャルの大研究——女の読み方・読まれ方・読ませ方』，岩波现代文库，二〇〇九年）

媚眼迷离，红唇半启，牢牢抓住男人的视线，性感女孩"搔首弄姿"大盘点。分析泛滥于世的性感广告，大胆揭露流行现象与社会观念之间的关系。上野教授处女作！

- 《不惑之年的女权主义》（『不惑のフェミニズム』，岩波现代文库，二〇一一年）

"敌要来战，随时奉陪。"这句宣言，令人深有同感。四十年岁月一路走来，女权思想时刻相伴，作者的犀利发言点缀其间，屡屡"惹是生非"，掀起世间热议。循着作者的心路轨迹，整理而成的一部语录集。

- 《为了活下去的思想》（『生き廷びるための思想　新版』，岩波现代文库，二〇一二年）

什么是性别平等？它不是诅咒"弱者统统去死"，而是为弱者争取生存权利的思想。本书汇集了各种与此相关的讨论与思考。东日本大地震后，上野教授自东大退休前的最终讲义亦收录其中。

- 《女性幸存者大作战》（『女たちのサバイバル作戦』，文春新书，二〇一三年）

《男女雇用机会均等法》实施至今已有三十余年。这期间，女性的就业与工作方式有怎样的改变？在"不变"与"变革"的夹缝中，是如何生存下来的？本书围绕这些问题，进行了综述。

• 《厌女：日本的女性嫌恶》(『女ぎらい——
ニッポンのミソジニー』,朝日文库,二〇一八年)

日本社会里,厌女思想无处不在。在男性身上,
表现为"女性蔑视"。在女性身上,表现为"自我厌
恶"。将男性纽带、恐同症与厌女症三个概念打包,
作为分析工具掌握在手,父权制的种种谜题,便会有
趣地迎刃而解。

• 《成为信息生产者》(『情報生産者にな
る』,筑摩新书,二〇一八年)

做个信息生产者,要比单纯做个消费者"有趣百
倍","是件既有意义感又有成就感的事",上野教授
如是说。东大上野研究小组教育实践成果无一遗
漏,悉数收录。

• 《上野千鹤子的幸存者语录》(『上野千鶴子
のサバイバル語録』,文春文库,二〇一九年)

谨以此书,送给不想阅读晦涩难懂的大部头,又
深感生之艰难,渴望突破困境的你。书中哪怕寥寥
一行文字,也定能照亮你的今天与明日。

• 《近代家庭的形成与终结》(『近代家族の成
立と終焉 新版』,岩波现代文库,二〇二〇年)

"家庭"这东西,到底是从哪里来的,又会往哪里
去? 主要由上班族与家庭主妇组成的"近代家庭",

何时起成了家庭的"标准模版"？上野教授代表作，在历史社会学谱系中，为近代家族的形成定位了坐标。

【合著】

• with 雨宫处凛《代际的疼痛：婴儿潮二代向一代投出的质问》(『世代の痛み——団塊ジュニアから団塊への質問状』,中公新书 La Clef,二〇一七年)

分别生长于时代风气截然相反的"婴儿潮世代"与"次世代"时期,年龄差距堪比母女的两位作者,直面时代的问题、代际的问题,当面锣对面鼓,畅谈对策。

• with 田房永子《从零开始的女性主义》(『上野先生、フェミニズムについてゼロから教えてください！』,大和书房,二〇二〇年)

当代女权理论第一人,揭露"日本女性生存之艰"的上野千鹤子,与畅销漫画《妈妈真辛苦》的作者田房永子,开怀畅谈,妙语连珠,带你全盘了解母女两代人的那些事儿。

• with 樋口惠子《甩掉枷锁,享受人生"低潮期"》(『しがらみを捨ててこれからを楽しむ　人生のやめどき』,MAGAZINE HOUSE,二〇二

○年)

工作、家庭、人际关系……人人肩上无不背负着人生的各种重担。何时才能甩掉包袱？在变幻莫测的时代里，越过重重障碍，跋涉而来的两位作者，面对面聊一聊人生的"低潮期"。生存小智慧满载！

● with 出口明治《你在公司里，干得开心吗？》（『あなたの会社、その働き方は幸せですか?』，祥伝社，二○二○年）

新冠疫情肆虐的时代，个人的工作方式、公司的经营方式都面临着远超以往的深刻诘问。什么是令职业人士感到快乐满足的工作方式、企业组织与社会？助你成功摆脱现状的智慧与武器又是什么？由两位拥有独特人生经历的前辈，来为你作点提议。

★ 后 记

　　如今，到了我这个年纪，能有机会面向十几岁的女孩子写一本书，是件十分开心的事。

　　在此之前，教女孩们涉世、生活、处事的"生存手册""人生课堂"类读物，已经出版过若干。

　　例如，小仓千加子的《"女人味"入门（笑）》（理论社，二〇〇七年），雨宫处凛的《一种名叫"女子"的诅咒》（集英社，二〇一八年）等。我列举的这两本书内容超级精彩，单从书名便能猜出一二。原来"女人味"这种东西，如此压抑女性的生命活力；而人生只是多了"女子"这个前缀，便如同被施加了诅咒……感觉还未开读，光是想象一下，心情就有点小忧郁。

　　最近数年间，社会风向呈现出新的转变。由好莱坞一些女性名人带头发起的"♯MeToo"运动席卷全球；东京医科大学在入学选考中针对女生实行差别录取的丑闻曝光,激起了舆论的轩然大波;女儿状告生父对自己实施性虐待,却以"判决无罪"而败诉(其后再审时获得"有罪判决"),无数女性怒斥"欺人太甚",纷纷走上街头,在全国各地举办了"鲜花示威大游行";在工作场合被强令穿着浅口皮鞋、高跟鞋,以致损害了健康的女员工提出质疑,"凭什么女人非得穿高跟鞋不可?"并掀起了名为"♯KuToo"的抗议运动;针对某男性周刊登载的《好推倒的女大学生排行榜》特辑,各高校女生们在网上发起了联合签名活动,要求杂志社撤下文章、公开道歉,并直接前往编辑部,听取刊载该文章的来龙去脉,同时提出新的解决建议。一种"讨厌就直说"的氛围,开始在空气中发酵。不再低头忍耐的女性相继亮相,而她们的声音也开始传播到社会各界。

二〇一四年,"哈利波特"系列电影中赫敏的扮演者——女星艾玛·沃森(Emma Watson)在联合国发表了倡导男女平权的演讲"He For She"。韩国作家赵南柱的畅销小说《82年生的金智英》由斋藤真理子翻译,在日本出版。有些读者似乎认为,女权主义是由外国蔓延到日本来的。实际上,从很久很久以前,日本国内就有大量先锋女性在持之不懈地倡导:"讨厌就直说,喜欢就去做。"

社会的改变，是一点一滴发生的。而每一个改变在眼前上演的历史性时刻，我们女权主义者始终置身现场，为之见证。接下来你即将踏入的社会，也将由你去亲手改造。借由本书，我不仅展示了迄今为止社会曾如何转变，同时也向大家提供了一种展望：今后社会的变化趋势又会怎样。

在我年纪轻轻那会儿，女人婚后仍坚持工作会被戳脊梁骨骂："不像话！""不懂事！"而今天，夫妇双方一同工作已成为平常事。过去，离婚者往往被视为"人品有问题"，如今大家都认为，"不幸的婚姻，早结束早好。"过去，女孩子想当学者或医生，会遭到周围的阻挠："别想美事了！"现在，女学者、女医生遍地都是。

"时代常识"这东西，从奶奶那一辈，到妈妈那一辈，再到你这一辈，三者有着巨大的区别，始终处在变化之中。本书收录的读者提问，似乎多半出自于代际之间的"常识差异"。你不妨告诉奶奶和妈妈："在今后的时代里，你们的常识不再行得通啦！"

"我的事，交给我自己拿主意吧！"

所以，我年轻时曾想出过这么一句标语：

"今日的非常识，便是明日的常识！"

反过来也成立："今日的常识，便是明日的非常识!"

事实上,我说对了。

在我年轻时,女性歧视比今天更为严重,性骚扰泛滥成灾,女人压根找不到工作。生长在那样糟糕的时代,我并不后悔。因为内心怀抱一份自豪感:始终身处剧烈的社会变化当中,并且,许多变化是由我们自己的双手促成的。

在我们这一代人之前,还有无数女性先辈走过了更为艰难、困苦的岁月。她们没有选举权,想表达点意见,总会被男人呵斥:"女人少插嘴!"想上学读书,也得不到受教育的机会。正是凭着那些姐姐妹妹、阿姨婶婶、奶奶婆婆的抗争,我们这代人才能比上一代活得稍微轻松一些。因此,我们想为更加年轻的你们,奉上一个比自己所经历的社会稍微幸福一点的新世界。将来,倘若你们也做了母亲,想必也希望为自己的女儿做同样的努力吧?

我一向以女权主义者自称。因为,在我之前也有无数敢于亮明身份的女权先辈,以及国外的女权斗士。我从"姐姐们"手里,继承了大量的经验智慧、概念及话语。而我自己思考出来的,仅仅是沧海一粟。为了不辜负女性先辈的恩义,我决定:任何时候,决不撤下头顶这块"女权主义者"的招牌。

228

　　概念和话语是"借"来的，但没关系。因为它们是认识世界的工具，有时更是改变世界的利器。正是由于话语的作用，世界在我们眼中一点一滴改换着面貌。从"姐姐们"手中接过这宝贵的工具，珍视它，打磨它，再递到"妹妹们"手上，这，便是女性学兼性别研究的任务。"性别视角"只是诸多工具当中的一件。

　　在当今这个时代，女性置身的社会环境千变万化，我们不断见证着眼前上演的一切。说不定再过不久，本书当中讨论的一些问题在新生代的眼中便会沦为笑话："什么嘛，原来不久前，女孩子还在为这种事烦恼呢！"也许本书能为记录这段历史，起到些微的作用吧。没准过不了多久，它就变成了"显示二〇〇〇年代初期日本女性生存状况"的一卷史料。我衷心期待那一天的到来。假如十年、二十年后，仍有人读到它，并点头称是，"没错没错，我经历过"，那我将满心快慰……（泪目）。

　　生长在一个激变的时代，实属幸运——这是我发自内心的感慨。我已走完了人生半数以上的时光，终点线正在不远的前方。想把一切推倒重来，是来不及了。但在最后的时刻，我敢肯定，自己会发出这样的赞叹：

"啊……多么有趣的一生！"

我由衷地祝愿，当你走完人生的全程时，也能如此给自己点赞。

上野千鹤子
二〇二〇年十二月

图书在版编目（CIP）数据

女生怎样活？：上野老师，教教我！/（日）上野千鹤子著.匡匡译.—上海：上海三联书店，2023.3 重印
ISBN 978-7-5426-7797-6

Ⅰ.①女⋯　Ⅱ.①上⋯②匡⋯　Ⅲ.①女性-性别差异-青年读物　Ⅳ.①B844-49

中国版本图书馆 CIP 数据核字（2022）第 142559 号

ONNANOKO WA DOU IKIRUKA：OSIETE，UENO SENSEI！
by Chizuko Ueno
2021 by Chizuko Ueno
Originally published in 2021 by Iwanami Shoten，Publishers，Tokyo.
This simplified Chinese edition published 2022
by Shanghai Joint Publishing Company Limited，Shanghai
by arrangement with Iwanami Shoten，Publishers，Tokyo

女生怎样活？——上野老师，教教我！

著　　者 /［日］上野千鹤子
译　　者 / 匡　匡

责任编辑 / 张静乔
装帧设计 / One→One Studio
监　　制 / 姚　军
责任校对 / 王凌霄

出版发行 / 上海三肟书店
　　　　　（200030）中国上海市漕溪北路 331 号 A 座 6 楼
邮　　箱 / sdxsanlian@sina.com
邮购电话 / 021-22895540
印　　刷 / 上海颛辉印刷厂有限公司

版　　次 / 2022 年 9 月第 1 版
印　　次 / 2023 年 3 月第 3 次印刷
开　　本 / 787 mm × 1092 mm　1/32
字　　数 / 120 千字
印　　张 / 7.5
书　　号 / ISBN 978-7-5426-7797-6/B·784
定　　价 / 49.00 元

敬启读者，如发现本书有印装质量问题，请与印刷厂联系 021-56152633